SILVIA GOGGI

È FACILE DIVENTARE *(un po' più)* VEGANO

Rizzoli

Pubblicato per

Rizzoli

da Mondadori Libri S.p.A.
Proprietà letteraria riservata
© 2020 Mondadori Libri S.p.A., Milano

ISBN 978-88-17-14450-6

Prima edizione: gennaio 2020

Progetto grafico di Davide Vincenti
Impaginazione Corpo4 Team

SOMMARIO

Prefazione

Era il dicembre del 2017 quando due dipendenti del supermercato Carrefour della sede di Tivoli decisero di pubblicare la foto di un agnello scuoiato con il ciuccio in bocca. L'indignazione per la foto raccapricciante fu enorme, le dipendenti furono sospese.

Pur essendo ai tempi ancora onnivora, non potei fare a meno di far notare, in un articolo scritto per il giornale per cui lavoro, che il problema forse non stava nel ciuccio quanto nell'agnello scuoiato. Nello stesso articolo chiedevo però ai vegani di non essere troppo aggressivi e di aiutare noi ancora mangiatori di carne a cambiare in maniera gentile e prendendoci, simbolicamente, per mano. Poche ore dopo arrivò sulla mia posta elettronica un messaggio della dottoressa Silvia Goggi, che ancora non conoscevo, che mi ringraziava per l'articolo e scriveva: «Eccomi, sono una vegana gentile». Da lì è nato un sodalizio immediato e sempre più intenso: Silvia mi ha davvero preso per mano come chiedevo e mi ha portato – con il suo ineguagliabile mix di grande preparazione e immensa passione – nel mondo dell'alimentazione vegetale, spiegandomi i suoi immensi benefici per la salute umana, le conseguenze positive per miliardi di animali e soprattutto per l'ambiente. È stato uno scambio continuo che ancora non finisce e che mi ha permesso, come permetterà a chi leggerà questo libro, di compiere finalmente quella trasformazione che desideravo da un po'. E in maniera facile e tranquilla. Perché passare a un'alimentazione a base vegetale è semplice e gratificante da ogni punto vista. Questo libro spiega come farlo.

Non sono passati neanche due anni e grazie a Silvia la mia alimentazione, che pure era basata su poca carne e tanta verdura, si è modificata con una naturalezza che non avrei mai creduto possibile. Sono rientrati nella mia dieta i legumi (prima del tutto trascurati), la frutta secca e vari tipi di cereali. Togliere la carne non è stato un sacrificio, anzi, e la conseguenza è stata quella di sentirmi subito meglio. Tagliare drasticamente i formaggi è stato invece più complicato, ma anche in questo caso è stato il mio corpo a guidarmi: mangiare stracchino e mozzarella quasi tutti i giorni non mi faceva certo stare in salute.

Questo non vuol dire che non abbia avuto timori o ripensamenti, dei quali spesso ho discusso con Silvia: non c'è dubbio, esiste un umanissimo ostacolo psicologico all'eliminazione delle proteine animali che consiste nel timore di varcare una soglia dalla quale si teme di non poter tornare più indietro, oltre alla paura di abbandonare cibi "emotivi", che ci ricordano l'infanzia oppure una persona cara (penso ai cappelletti in brodo preparati a mano da mia nonna). Ma come scrive Silvia in questo libro scorrevole, allegro e vivo, la buona notizia è che a nessuno viene richiesta la perfezione. Anzi, quello che io ho potuto sperimentare è che più ci si fissa con la purezza, con l'essere vegano al cento per cento in ogni ambito della vita – pena senso di colpa e malessere se si sgarra – maggiore è il rischio di tornare a una dieta basata su proteine animali. Concedersi un piccolo margine di flessibilità e puntare, come scrive Silvia, sull'essere «il più vegani possibile» – uno slogan perfetto – mi ha personalmente aiutato a restare all'interno di un'alimentazione a base vegetale senza sforzi.

Insomma, per dirla in un altro modo: mangiarsi uno yogurt greco ogni tanto, concedersi una pizza con la mozzarella o una fetta di crostata alla frutta che qualcuno ha amorevolmente preparato con uova e burro non mi sconvolge. E le etichette non servono: potete definirvi vegani con "trasgressioni" vegetariane, oppure vegetariani che evitano di mangiare troppo formaggio perché non fa bene né alla salute né agli animali. Potete anche non definirvi per niente e portare semplicemente in tavola frutta, verdura, cereali e legumi nel modo in cui credete e senza timore di sbagliare perché, come Silvia mi ha insegnato, con un'alimentazione basata sui vegetali non c'è nulla da temere. Ciò che conta è la "struttura", le fondamenta della vostra alimentazione che deve essere saldamente basata su alimenti vegetali. È un orientamento, una direzione, una *forma mentis* facile da assumere e che non ha bisogno di rigidità: potete essere vegani al cento per cento, al novantotto o all'ottantacinque. Non è questo che importa, non è questo che conta e questo libro lo ricorda costantemente. Come ricorda che essere vegani non è un'identità totalizzante, né i vegani sono le macchiette spesso descritte dai loro avversari in stereotipi senza fondamento. Siamo persone come le altre, diverse l'una dall'altra, ma accomunate da una scelta che pure non è solo alimentare.

È ovvio che, come è accaduto a me, una volta che uno scopre i vantaggi (non solo per sé) di una dieta vegetale, il desiderio di "convertire il mondo" e di raccontare quanto sia importante e positivo evitare i cibi animali esiste. Io questo desiderio lo provo spesso, e non solo quando penso agli animali allevati in condizioni atroci e poi uccisi, ma anche quando ho scoperto, da giornalista che si occupa di cambiamento climatico, i danni senza fine che gli allevamenti animali producono all'ambiente (deforestazione selvaggia in primis). Delle due l'una: o si fa spazio a foreste che, assorbendo CO_2, contrastano il cambiamento climatico e ci permettono (letteralmente) di respirare, oppure ai pascoli e ai campi di soia o altri vegetali che diventeranno mangime per gli animali. È davvero doloroso pensare che, semplicemente togliendo la carne dal nostro piatto, potremmo forse salvarci dalla devastazione climatica ma non lo facciamo per indifferenza, ignoranza e pigrizia. Così come è doloroso pensare all'immensa sofferenza animale, davvero inutile perché per vivere non abbiamo bisogno degli alimenti da loro derivati.

Tuttavia, come scrive Silvia, evangelizzare non

serve. Molto più utile l'esempio, accompagnato ovviamente dalla spiegazione nel caso qualcuno chiedesse le ragioni che stanno alla base di questo tipo di alimentazione.

Ai miei figli, che mangiano carne, spiego i motivi per cui io non mangio animali. Questo è importante: informarli affinché possano scegliere, quando saranno pronti.

Un altro modo è quello di usare l'ironia: quando mi trovo di fronte a post sui social network con foto di barbecue o Wiener Schnitzel, ad esempio, cerco di lasciare un commento che, con un filo di sarcasmo, ricordi le conseguenze di quella scelta.

La cosa importante è mangiare in questo modo accompagnati dalla consapevolezza non di essere persone migliori, ma che hanno fatto una scelta più etica: per sé stessi, per gli animali, per l'ambiente. Essere vegani è facile, intelligente e persino – direi – molto pratico e nettamente più economico. Su questo non c'è dubbio, perché a costare sono i prodotti lavorati che imitano quelli animali (non necessari, come Silvia ricorda spesso) e non certo gli umili "mattoni" di una dieta vegetale. Con la sola integrazione della vitamina B12 abbiamo davvero tutto quello che serve a noi e pure, volendo, anche ai nostri bambini. Potremo raccontare loro la bellezza di un'alimentazione che risparmia gli animali che tanto amano, li fa crescere sani e forti e infine, altrettanto importante se non di più, preserva il mondo nel quale dovranno vivere.

Buona lettura!

Elisabetta Ambrosi, giornalista, autrice
e mamma di due bambini.
Scrive per «Il Fatto quotidiano»

È FACILE
DIVENTARE
(un po' più) **VEGANO**

A Luciana (e a chi altro, sennò?)

Introduzione

Se siete stati attratti dal titolo di questo libro, lo avete preso in mano e ora lo state sfogliando con attenzione per decidere se acquistarlo o meno, questo significa una cosa sola: l'idea di diventare vegani vi è già passata per la testa, senza però mai concretizzarsi nella pratica. Anche per un solo istante, in passato, l'idea di escludere dalla vostra alimentazione i prodotti animali e i loro derivati vi è sembrata – a livello viscerale e irrazionale – la cosa giusta da fare, ma non siete passati all'azione perché avevate paura.

Paura di non assumere abbastanza proteine.

Paura di dipendere da chissà quante pastiglie di integratori.

Paura di non riuscire a trovare nulla da mangiare fuori casa.

Paura di dover rinunciare alla vostra buona educazione e al vostro mite temperamento per ritrovarvi ad augurare: «Morte ai mangiacadaveri!!!!!» su Facebook per il bene della causa.

Non vi biasimo, sia chiaro. Per colpa di qualche vegano poco educato, che per amore degli animali arriva a odiare gli uomini, l'intera categoria gode di pessima fama.

Perché mai dovreste comprare questo libro, allora?

Perché passare a un'alimentazione vegana è la cosa migliore che possiate fare: per voi stessi, per l'ambiente e per gli animali.

Come dite? Siete fondamentalmente egoisti e non potrebbe fregarvene di meno degli animali o delle sorti del pianeta? A maggior ragione, se il vostro unico interesse è il vostro stesso benessere e quello dei vostri cari, una dieta a base vegetale è quello che fa per voi.

Forse era scritto nel vostro oroscopo che avreste dovuto, un giorno, diventare vegani. Oppure ve l'ha ordinato Gwyneth Paltrow apparsavi in sogno, o magari lo state facendo nella speranza di vincere biglietti gratis a vita per i concerti di Beyoncé e Jay-Z... Non esiste un motivo sbagliato per fare una scelta giusta, dalla quale la vostra salute (e quella dell'ambiente e degli animali) non potrà che trarne giovamento.

In questo libro vi spiegherò tutto quello che c'è da sapere per essere vegani e in perfetta salute, il che, a dire il vero, non è tanto diverso dall'essere non-vegani e in perfetta salute.

A dispetto del fatto di essere da sempre definita come un'alimentazione *senza* qualcosa, una dieta vegana è tutt'altro che povera o monotona ma *ricca,* invece, proprio di tutti quegli alimenti che dovrebbero essere alla base di qualsiasi dieta che voglia definirsi bilanciata: cereali, legumi, frutta secca, semi oleosi, verdure, frutta.

Un'alimentazione sana, vegana o meno, dovrebbe infatti prevedere che almeno il settantacinque per cento dell'energia introdotta quotidianamente derivi dai suddetti gruppi alimentari. Potreste, in tutta onestà, affermare di aderire, con la vostra dieta attuale, a questa raccomandazione?

In caso di risposta negativa, prendete in considerazione l'ipotesi di veganizzarvi almeno un po'. Non vi farà che bene.

A proposito, chiariamo un punto importante che mi sta molto a cuore: non c'è nessun motivo di avvicinarsi a questa scelta alimentare come se fosse qualcosa di definitivo e irreversibile, o è facile che non inizierete mai.

Mettere in discussione il modello alimentare con

il quale siete cresciuti potrebbe porvi inizialmente in uno stato di ansia e smarrimento, figuriamoci poi con la prospettiva di non potere più, eventualmente, tornare indietro.

Vi propongo quindi di approcciarvi alla scelta alimentare vegana con la stessa leggerezza con la quale sottoscrivereste un abbonamento alla pay tv:

iniziereste con il pacchetto base, quello più economico, e lo provereste per un paio di mesi. Non vi trovate bene? Recedete dal contratto e tanti saluti, male che vada avrete visto qualche appassionante film d'epoca e avrete allargato i vostri orizzonti, per poi tornare ai soliti reality show e alla tv spazzatura a cui eravate abituati.

Vi trovate bene? Rinnovate il contratto tutte le volte che volete, di anno in anno. Dopo un po' non riuscirete più a fare a meno dell'incredibile offerta di film, documentari e reality show. Vi domanderete come facevate, in passato, ad accontentarvi dei pochi programmi a cui eravate affezionati. Potreste trovarvi così bene da decidere, con il tempo, di aggiungere anche qualche altra opzione al vostro pacchetto: sport, musica, canali stranieri.

Vi consiglio di vivere l'eventuale passaggio a un'alimentazione vegana allo stesso modo. Datevi qualche settimana di tempo per vedere se il nuovo modo di mangiare fa per voi, registrate come vi sentite e come cambia la percezione del vostro stato di salute.

Non vi trovate bene? Tornate a mangiare come prima e chi si è visto si è visto, alla peggio avrete imparato qualche nuova ricetta o scoperto qualche nuovo ingrediente da incorporare alla vostra cucina di sempre.

Vi trovate bene? Continuate così. Dopo un po' non riuscirete più a fare a meno dell'incredibile offerta di sapori, colori e profumi che la cucina vegana ha da offrire. Sarete pieni di energia. Vi domanderete come facevate, in passato, ad accontentarvi della solita decina di piatti che alla lunga vi facevano sentire stanchi e appesantiti. Potreste trovarvi così bene da decidere, con il tempo, di impegnarvi ancora di più per la causa degli animali o quella del pianeta.

Se anche vi fermaste al pacchetto base, e quindi

al solo aspetto dell'alimentazione, non ne trarreste che vantaggi e dovreste essere comunque molto fieri di voi.

Il fatto di mangiare vegano non definirà chi siete, non vi obbligherà a vestirvi di iuta e andare in giro scalzi abbracciando i passanti e fermandovi a parlare con tutti gli animali che incontrate. Come l'essere cliente di una pay tv piuttosto che di un'altra non influenza il resto del vostro carattere, delle vostre passioni e dei vostri interessi, anche il cambio di alimentazione vi lascerà le persone che siete. Dubito che il vostro unico argomento di conversazione sarebbe quanto vi trovate bene con tutti i nuovi canali, e che impieghereste il tempo libero per cercare di convincere i vostri amici a sottoscrivere la medesima offerta.

> Anche quando passerete a un'alimentazione completamente vegetale, sarete sempre voi.

Mangerete in modo diverso. Fine.

Sorpresi, vero? Non si è mai visto un libro che parla di alimentazione vegana senza giudicare severamente chi mangia diversamente, chi fa questa scelta per ragioni che con l'etica non hanno nulla a che fare o chi decide di essere anche solo un vegano part-time.

In questo modo però – scommetto – non vi mettete subito sulla difensiva, come le altre volte in cui avevate affrontato l'argomento, e siete ben disposti a continuare la lettura, per scoprire se sia veramente così facile mettere in pratica nella vita di tutti i giorni un'alimentazione vegana (spoiler: sì).

Non vi scoraggiate se pensate che diventare vegani sia un'impresa difficile, o addirittura impossibile. E non vi precludete tutti i benefici che potrebbe avere per la vostra salute solo perché siete convinti che no, la dieta vegana non fa per voi.

La maggior parte (se non la totalità) dei vegani di oggi non è di certo nato così, ma lo è diventato a un certo punto della vita.

Se cinque anni fa qualcuno mi avesse predetto che oggi non solo sarei stata vegana, ma che avrei per lavoro aiutato le persone a passare a questo tipo di alimentazione, non ci avrei creduto di certo. Anzi, avrei probabilmente ordinato un panino con mortadella e taleggio al più presto per dimostrare quanto fossi ferma nelle mie intenzioni.

Ero al primo anno di specializzazione in Scienza dell'Alimentazione, lavoravo nel reparto di Dietologia di un importante ospedale milanese ed ero convinta di conoscere già tutto il necessario sull'argomento.

Perché mai sarei dovuta diventare vegana?

La mia alimentazione era già da manuale: il lunedì era il giorno del pollo arrosto del mercato, il martedì del formaggio con l'insalata. Il mercoledì il biglietto del cinema costa meno, quindi prima della proiezione era d'obbligo una pizza (Margherita o al massimo ortolana, perché si sa: non va bene associare più fonti di proteine nello stesso pasto). Il giovedì mi dilettavo in cucina, quindi tagliavo a fette del pane casereccio e adagiavo con grazia un po' di prosciutto crudo di qualità sopra un letto di insalata. Diversa da quella usata il martedì, cosa credete! Avevo un'alimentazione varia, io. Venerdì sera il mio (allora) fidanzato mi portava a cena nella sua trattoria preferita, e anche lì ero sicura delle mie scelte salutari: spaghetti ai frutti di mare e insalata di arance e finocchi, oppure straccetti di vitello con rucola e aceto balsamico. Un bicchiere di vino, non di più.

Dopo essere stati bravi tutta la settimana (!), nel weekend ci concedevamo qualche sgarro: un brunch all'americana con uova strapazzate e pancetta, una scorpacciata di sushi, la colazione della domenica con cappuccio e cornetto, l'hamburger di carne (di prima scelta, era scritto sul menu) con patatine fritte al tartufo.

Confrontando la mia dieta settimanale con i fogli prestampati, gli stessi che venivano consegnati ai pazienti, ricevevo solo conferme di quanto fossi nel giusto.

La pasta e il pane li preferivo integrali.

Mangiavo il dolce solo nel fine settimana.

Le verdure erano abbondanti a ogni pasto.

Le mie merende erano di sola frutta.

Dosavo l'olio di oliva (rigorosamente extravergine e a crudo) con il cucchiaio, per non eccedere.

Mi assicuravo di variare la fonte proteica a ogni pasto, preferendo quando possibile il pesce.

Perché avrei mai dovuto mettere tutto in discussione e considerare di diventare vegana? Gli animali mi erano indifferenti. O meglio, ne amavo solo alcuni: quelli che avevano il potenziale di diventare le borse e le scarpe firmate nelle quali avrei investito il mio stipendio.

La mia coscienza ecologica era già invidiabile: mi muovevo con i mezzi pubblici e differenziavo diligentemente carta, vetro e plastica.

Perché avrei dovuto ridurre il mio consumo di derivati animali per il bene del pianeta? Facevo già abbastanza!

27

Eppure, eccomi qui ora a scrivere queste righe mentre sorseggio un caffè macchiato con il latte di soia, calzando sneaker di pelle ottenuta dalla buccia delle mele.

Come è potuto succedere?

Come sono diventata vegana

«Voglio diventare vegana.»

Spalancai la bocca dallo stupore e il sashimi di salmone che stavo per addentare rimase a mezz'aria, stretto tra due bacchette di legno usa e getta.

«Daniela, ma tu sei matta! Dai, sei pure un medico. Non mi sarei mai aspettata di sentire certe sciocchezze da te! Sarà una cosa passeggera, spero.»

«Stavolta ho deciso» rispose Daniela sgranocchiando un involtino primavera. «Non voglio più essere complice della sofferenza degli animali e della distruzione del pianeta. Sarà che da quando è nato Leo sono molto più sensibile agli orrori e alle ingiustizie.»

Sorrise al neonato, che dormiva beato nella carrozzina accanto al nostro tavolo, e gli aggiustò una piega della tutina blu in ciniglia con una carezza delicata.

«Ecco, appunto. Leo. Stai pure allattando, ma

cosa ti salta in mente di diventare vegana proprio adesso?» incalzai.

«Lo so, Silvia, che ci posso fare? Ormai certe cose non riesco proprio più a mangiarle, mi viene da piangere solo a sentirne l'odore. Senti, visto che è il tuo campo, dammi tu due dritte a proposito della dieta vegana in allattamento. Di te mi fido, così sono sicura di non fare cazzate.»

«Mmm. Ok.» Mi arresi.

Dividemmo il conto a metà. La borsa di studio della specializzazione che ricevevamo puntuale ogni 24 del mese ci faceva sentire delle ricche *sciùre* milanesi, anche se il massimo che potevamo permetterci era un giapponese *All you can eat*. A pranzo, perché costava di meno.

Appena arrivata a casa mi misi al computer: avrei fatto cambiare idea a Daniela prima dell'ora di cena.

Dovete sapere che fin dal primo anno di Medicina ci viene insegnato che la risposta a qualsiasi quesito scientifico è a portata di click: basta sapere dove cercare le fonti bibliografiche.

A differenza dei non addetti ai lavori, però, i medici hanno un motore di ricerca tutto loro. Non possono certo affidarsi al dottor Google, che alla domanda *Come fare a dimagrire* riporta nella prima pagina dei risultati esclusivamente link che rimandano a shop online di pillole dagli ingredienti esotici (e forse anche illegali) o a magazine femminili. Un magazine o un blog può pubblicare quello che gli pare, può dedicare un intero articolo ai poteri miracolosi dell'ananas nel bruciare grasso corporeo o nel guarire dalla dermatite. Sarà vero? Chissà. Nessuno controlla.

I medici invece hanno bisogno della certezza di non leggere spazzatura, dal momento che quello che viene presentato in un articolo scientifico può modificare in un senso o nell'altro la loro pratica clinica e di conseguenza influenzare la vita dei pazienti. Per questo motivo esiste una sorta di Google per operatori sanitari: Pubmed (www.pubmed.gov).

Non ha la stessa grafica accattivante, lo so, ma ci si fa l'abitudine. Pubmed è una grandissima biblioteca digitale nella quale sono conservati tutti gli articoli scientifici pubblicati negli ultimi decenni. Per comparire in una delle riviste indicizzate a cui la "biblioteca Pubmed" è abbonata, un articolo deve soddisfare determinate caratteristiche: deve essere scritto, possibilmente, in inglese, la lingua ufficiale della scienza; le affermazioni degli autori devono essere supportate da una consistente bibliografia (vale a dire che ogni affermazione deve essere giustificata alla luce degli articoli scientifici

31

pubblicati precedentemente, che vanno citati); e, cosa più importante, prima della pubblicazione gli articoli vanno sottoposti alla *peer-review*.

La *peer-review*, letteralmente "revisione da parte dei propri pari", è la garanzia che lo scienziato quel mattino non si è svegliato e ha deciso di pubblicare la sua teoria secondo la quale la polmonite si cura mettendo al paziente dello smalto per unghie fucsia.

Ogni articolo, prima della pubblicazione, viene revisionato in modo anonimo da due o più esperti dell'argomento (i *reviewers*, appunto), che faranno pervenire i loro commenti e le loro correzioni alla rivista. Se il lavoro proposto è una ciofeca e non è supportato da solidi dati, i *reviewers* lo faranno presente e la rivista non lo pubblicherà, quindi al massimo il suddetto ricercatore potrà proporre la sua idea rivoluzionaria a un blog di pseudoscienza.

Vi ho fatto tutta questa premessa per spiegarvi perché, quel pomeriggio, ero sicura che Pubmed – come sempre – mi avrebbe detto la verità.

Nella barra di ricerca digitai *vegan diet breastfeeding*, e premetti invio.

Quando si esplora un argomento poco conosciuto la prima cosa da fare è cercare delle revisioni sistematiche della letteratura o delle posizioni ufficiali sull'argomento prese da autorevoli società scientifiche.

Uno dei primi risultati, per fortuna, sembrava fare al caso mio: *Position of the American Dietetic Association: vegetarian diets.*

Bingo! Avevo già tra le mani il parere dei massimi esperti del settore.

Qualsiasi sia la specializzazione scelta dopo aver terminato l'università, infatti, ciascun medico sa di poter sempre trovare linee guida e posizioni ufficiali partorite dopo un'estesa revisione delle fonti da gruppi di autorevoli specialisti riuniti in *academy* (come in questo caso, ma anche *society* e *college*) sia in Europa sia negli Stati Uniti.

Stavo già gongolando. Avrei fatto cambiare idea a Daniela addirittura prima dell'ora di merenda. Ma il sorriso mi morì sulle labbra.

«It is the position of the American Dietetic Association that appropriately planned vegetarian diets, *including total vegetarian or vegan diets,* are *healthful,* nutritionally adequate, and may provide health benefits in the prevention and treatment of certain diseases. Well-planned vegetarian diets are *appropriate* for individuals during *all stages of the life cycle,* including pregnancy, *lactation,* infancy, childhood, and adolescence, and for athletes». [La

33

posizione dell'Academy of Nutrition and Dietetics è che le diete vegetariane ben pianficate, incluse le diete totalmente vegetariane o vegane, siano salutari, nutrizionalmente adeguate e possano apportare dei benefici per la salute nella prevenzione e nel trattamento di numerose patologie. Le diete vegetariane ben pianificate sono appropriate per gli individui in tutte le fasi della vita, inclusa la gravidanza, l'allattamento, l'infanzia, l'adolescenza e per gli atleti.]

Fermi tutti. Questa sì che era una sorpresa.

Nessuno me ne aveva mai parlato, né in ospedale né alle lezioni in università.

> Le rare volte che i vegani venivano menzionati dai miei colleghi era sempre e solo per parlarne male.

Il mio capo di allora, a dire il vero, era vegetariano (latto-ovo-vegetariano sarebbe il termine preciso) in quanto grande amante degli animali. Era lui che si preoccupava che le ciotole dei gatti che bazzicavano nel giardino dell'ospedale fossero piene, anche durante le vacanze estive.

Lo rispettavo per questa coraggiosa scelta, che

aveva fatto diventare la sua alimentazione l'argomento preferito di conversazione durante ogni pausa pranzo in mensa.

«Sei incoerente: sei vegetariano però poi hai le scarpe di Armani in pelle» lo stuzzicava una delle dietiste più anziane.

«Guarda che non puoi essere un dietologo vegetariano, è un controsenso» lo incalzava un'altra, leggermente sovrappeso, mentre si infilava in bocca un pezzo di taleggio avvolto nello speck.

Lui sorrideva senza controbattere, ma questo sottile e continuo condizionamento dalle persone che – in teoria – avrebbero dovuto essere i miei mentori nei successivi cinque anni mi aveva inconsciamente convinto che chi toglieva carne e pesce dalla propria alimentazione (o, peggio ancora, anche latticini e uova) stava compiendo un gesto azzardato. Se voleva proseguire con la sua scelleratezza in nome di qualche ideale facesse pure a suo rischio e pericolo, ma la scienza non era dalla sua parte.

Quel pomeriggio non riuscivo a staccarmi dal computer. Tutto quello che avevo sempre creduto riguardo all'alimentazione vegana si era rivelato falso.

Non solo era una dieta perfettamente fattibile, ma si era dimostrata in grado di prevenire e *tratta-*

re senza farmaci quelle stesse patologie che, giorno dopo giorno, riportavo diligentemente nella cartella di ogni paziente alla voce "anamnesi". Con una dieta vegana il lungo elenco di farmaci che occupava la casellina della "terapia domiciliare" si sarebbe reso in gran parte o completamente inutile.

Tutte quelle informazioni erano sempre state lì, sotto il mio naso, ma io non lo sapevo.

E continuavamo a consegnare ai pazienti diete che prevedevano i legumi soltanto la domenica sera, come ingrediente marginale di una zuppa. Sulla quale era previsto un cucchiaio di parmigiano.

Il giorno stesso in cui credevo che avrei dissuaso Daniela dal suo intento dietetico, decisi che vegana lo sarei diventata io.

LA DISINFORMAZIONE DEI PROFESSIONISTI DELLA SALUTE RIGUARDO ALLE DIETE A BASE VEGETALE

Uno studio condotto dall'Università degli Studi di Milano su un campione di oltre quattrocento sanitari ha rilevato che meno della metà di questi era al corrente dell'assoluta fattibilità delle diete vegetariane in tutte le fasi della vita, gravidanza, allattamento e infanzia inclusi. Poco più di un terzo degli intervistati ha fornito una definizione corretta di "dieta vegetariana" e un quinto soltanto conosceva i nutrienti apportati dalla stessa.[2]

«Mi sembra un'ottima idea» fu la reazione del mio fidanzato. «Finalmente! Sono anni che ti chiedo di fare questo passo insieme. Come mai fino a ora mi hai sempre dissuaso, dicendo che una dieta completamente vegetale non fosse possibile?»

La risposta era meglio tenermela per me ("Perché l'avevo letto in un'intervista a una naturopata su una rivista mentre aspettavo il mio turno dal parrucchiere, invece oggi ho studiato la letteratura scientifica ufficiale sull'argomento"), quindi non replicai.

Per mia fortuna, o forse no, la conversazione si spostò immediatamente sul contenuto dei nostri piatti: burger di seitan (pronto, dal banco frigo) e insalata in busta.

«Come hai detto che si chiama? *Seitan*? Tutto quello che mangeremo da oggi in poi avrà il nome di un mobile dell'Ikea?»

Proseguimmo la cena in silenzio, ognuno assorto nei propri pensieri.

Avremmo pasteggiato a surrogati della carne per sempre?

Saremmo dovuti diventare i maggiori azionisti del negozio biologico vicino a casa per poter essere vegani?

Se immaginavo la mia giornata tipo senza derivati animali, non rimaneva che qualche verdura, la frutta, il pane, la pasta e il riso. Nemmeno questo mi faceva onore, a dire il vero.

Possibile che la mia dieta, che reputavo da manuale, non fosse poi così varia e fosse manchevole di quelle proteine vegetali che, almeno in teoria, raccomandavamo ai pazienti di preferire?

La mia determinazione nel cambiare vita si era già affievolita al momento di andare a letto. A un'attenta analisi prendeva sempre più piede la realtà dei fatti, ovvero che la mia alimentazione, sin dall'infanzia, avesse visto i prodotti animali al centro del piatto. L'idea di rinnegare di colpo queste confortevoli e sicure abitudini, benché quel pomeriggio avessi letto con i miei stessi occhi che fosse la cosa migliore da fare, mi gettava nel panico.

Era meglio dormirci su: ero pervasa da uno strano senso di agitazione, e non sapevo spiegare il perché.

La risposta arrivò il giorno successivo: il test di gravidanza acquistato al supermercato (insieme a un altro burger di seitan) rivelò immediatamente la seconda linea rosa.

Senza questa fortuita coincidenza, probabilmente, la mia avventura con il vegetarismo si sarebbe interrotta di lì a poco, come era già successo le poche altre volte che, in passato, ci avevo provato.

Stavolta, invece, ero determinata. Mi erano bastati pochi fotogrammi che mostravano le atroci sofferenze degli animali negli allevamenti (che fino a quel momento mi ero rifiutata di guardare) per fare mie anche le motivazioni etiche della scelta.

Avrei dato alla luce una creatura in un mondo nel quale siamo impotenti davanti a ingiustizie come guerre e genocidi. Avrei almeno cercato di evitare la violenza quando fosse possibile e in mio potere farlo, ovvero a tavola.

Iniziai ad assumere la vitamina B12, l'unico integratore necessario in una dieta vegana rispetto a una onnivora, come raccomandato dalle linee guida. Si trattava di sciogliere sotto la lingua una compressa al gusto di frutti di bosco per due volte alla settimana. Tutto qui!

Sorridevo pensando a quando ero convinta che i vegani dovessero vivere di pillole su pillole di integratori ogni giorno. Dove l'avevo sentita una sciocchezza simile? Probabilmente in qualche talk-show in seconda serata.

A proposito: non avrei più ripetuto l'errore compiuto in passato. Qualsiasi domanda avessi riguardo all'alimentazione vegetale, da quel momento avrebbe trovato risposta nella letteratura scientifica *peer-reviewed* e non nel parere espresso da qualche noto volto televisivo.

E di domande ne avevo tante.

Dove avrei preso il ferro, che fino a quel momento per me era stato sinonimo di carne?

Come avrei fatto ad assumere acidi grassi omega-3, evitando il pesce?

Senza consumare latticini, sarei riuscita lo stesso a soddisfare il fabbisogno di calcio?

Ma soprattutto: come potevo essere al secondo anno di specializzazione in Scienza dell'Alimentazione e non conoscere le risposte a queste domande?

A quel fortunato pranzo al sushi *All you can eat* con Daniela devo il fatto di aver cominciato ad approfondire sul serio una materia che credevo già di padroneggiare.

E non solo.

Consapevole del fatto che non avrei potuto cibarmi di prodotti pronti, insalata in busta e spaghetti al pomodoro per tutta la vita, e a maggior ragione in gravidanza, iniziai a interessarmi di cucina.

I primi esperimenti in verità furono un disastro, ma lentamente migliorai. In maternità avevo un sacco di tempo libero e lo trascorrevo tutto ai fornelli, complice anche il fatto che la piccola Arianna, nata a termine dopo una gravidanza da manuale, fosse un vero angelo.

Mentre la allattavo divoravo libri di ricette vegane e mi salvavo sul telefono quelle che trovavo online per replicarle. Non era così difficile preparare deliziosi manicaretti a base vegetale, a dire il vero. Il più delle volte erano sufficienti un frullatore e/o una padella antiaderente per creare pesti, sughi, salse, polpette e ripieni per torte salate.

Il confronto della mia alimentazione attuale con quella precedente era impietoso: ero passata dal mettere in tavola due, tre verdure in croce (insalata, carote e pomodori) a consumarne una varietà fino ad allora impensabile. E chi li aveva mai sentiti nominare gli agretti prima di allora!

I cereali più disparati (orzo, miglio, grano saraceno, avena) avevano fatto capolino nella mia dispensa prima timidamente, per poi rendere il frumento, un tempo l'unico cereale che consumavo, sotto forma di pane o pasta, una marginale eccezione.

La frutta secca, che avevo l'abitudine di sgranocchiare come passatempo solo durante la tombolata nel pomeriggio del giorno di Natale, entrò a far parte del mio quotidiano.

Nonostante in teoria sapessi bene che i legumi erano l'alimento proteico da preferire in una dieta sana, prima del passaggio a un'alimentazione vegana non potevo dire di consumarne con regolarità, a parte qualche fagiolo che galleggiava qua e là nel minestrone.

Il cambio di rotta mi costrinse, per la prima volta in vita mia, ad allargare i miei orizzonti alimentari. Questo non significava andare a cercare oltre oceano costosi alimenti dai nomi esotici, ma riscoprire quegli ingredienti che avevano fornito calcio ai nostri antenati quando non si abbuffavano di latticini, proteine e ferro quando non potevano permettersi la carne se non nei giorni di festa.

Dopo qualche mese, avevo all'attivo sul mio curriculum culinario diverse decine di ricette già sperimentate, con le quali avevo stupito persino i più scettici tra i nostri amici. Proprio io, che un tempo avevo come unico piatto forte la pasta scotta condita con melanzane grigliate surgelate tagliate a pezzi con le forbici e buttate ancora gelide in una padella con la salsa di pomodoro.

Al momento di svezzare Arianna in sintonia con

il nostro nuovo modo di alimentarci, mi scontrai con un muro di disapprovazione non tanto della sua pediatra, che si era dichiarata favorevole e mi sosteneva in quanto preparata sull'argomento (al contrario di me fino a poco più di un anno prima), quanto dei nostri genitori.

Il padre di mio marito, di origini greche, tentava di farci rinsavire offrendoci a ogni possibile occasione piatti di interiora di agnello allo spiedo

sperando – invano – di farci cambiare idea.

Mia madre, invece, aveva scelto la linea passivo-aggressiva del fai-come-vuoi-io-non-sono-d'accordo-e-per-fortuna-che-tua-nonna-non-c'è-più-o-ne-sarebbe-morta-di-dolore.

Ciò che contava, però, era che Arianna spalancasse la bocca alla vista delle sue pappe, crescesse regolarmente in peso e fosse addirittura più lunga della media dei bambini della sua età.

Se in famiglia, tutto sommato, la scelta vegana procedeva senza intoppi, tornata al lavoro dopo la maternità non si poteva purtroppo dire lo stesso.

Erano passati due anni dall'inizio della specializzazione quando, nell'ottobre del 2015, l'Organizzazione Mondiale della Sanità aveva classificato come certamente cancerogena per l'uomo la carne lavorata, inclusi affettati e salumi, onnipresenti sulle tavole degli italiani.

Vi suona come il maggior organo esistente a occuparsi di salute? Esatto, lo è.

Le diete che venivano consegnate ai pazienti con l'intestazione di "mediterranea", tuttavia, prevedevano prosciutto e bresaola per ben tre pasti a settimana. Per altri quattro pasti era prevista la carne, mentre solo due volte a settimana l'apporto proteico era fornito dai legumi.

Non ci avevo mai fatto caso prima di diventare vegana, ma di mediterraneo in effetti queste diete avevano ben poco.

Dopo averne parlato con il mio illuminato capo, concordammo la sostituzione della carne lavorata con porzioni equivalenti di legumi: ora sì che si poteva parlare di dieta mediterranea!

Ordinò che da quel momento in poi le vecchie diete non venissero più consegnate ai pazienti, in favore delle nuove. La maggior parte delle colleghe non la prese bene.

«I pazienti non accetteranno mai questo cambiamento: gli si gonfierà troppo la pancia!»

«Non possiamo togliere loro una categoria di alimenti che fa parte delle nostre tradizioni culinarie. Cosa metteranno nei panini?»

Non riuscivo a nascondere la mia delusione nel ricevere queste risposte da operatori sanitari che, in teoria, avrebbero dovuto tutelare con i loro consigli la salute dei propri assistiti. Divenni per tutti quella "fissata" che festeggiava se in mensa proponevano fagioli (come contorno!), o che faceva notare con entusiasmo ai pazienti di come i legumi si trovassero a un gradino più basso della piramide alimentare (e quindi fossero da consumare più spesso) rispetto a tutte le altre fonti proteiche.

I pazienti, dal canto loro, mi davano grandi soddisfazioni: chi sostituiva più porzioni di carne e formaggi a settimana con lenticchie, ceci, fave e via dicendo si sentiva più sazio, vedeva migliorare i propri livelli di colesterolo e perdeva peso più facilmente.

A parte queste piccole gioie, però, mi sentivo molto sola nella mia crociata.

Non conoscevo altri vegani e tantomeno genitori che avessero deciso di dare questo indirizzo all'alimentazione di tutta la famiglia.

Per scacciare la solitudine aprii una pagina Facebook dove, oltre a condividere ricette e articoli di interesse, divulgavo i principi di una corretta alimentazione a base vegetale e invitavo chi leggeva a considerare di diventare – per il suo bene e quello del pianeta in cui abitava – almeno *un po' più vegano*.

L'appuntamento più atteso era quello del lunedì, giorno in cui pubblicavo un menu settimanale di facilissima esecuzione. Tutte le ricette erano ovviamente a base di ingredienti vegetali e alla portata di tutti.

Talvolta abbandonavo il grembiule per indossare il camice bianco, e condividevo qualche informazione scientifica riguardo la dieta vegana, ovviamente sempre accompagnata da una solida bibliografia di supporto. Inaspettatamente, erano quasi più i vegani di lunga data che mostravano di apprezzare questa opera di divulgazione.

A qualcuno era stato erroneamente detto che non ci fosse bisogno di integrare la vitamina B12.

C'era chi aveva il terrore (immotivato) della soia.

Molti ancora non sapevano come rispondere alle obiezioni di possibili carenze di ferro e altri minerali in una dieta completamente vegetale.

Si poteva affrontare una gravidanza con questo tipo di alimentazione?

Il mio lavoro online, se così si può chiamare, stava sempre più rispecchiando quello che avevo iniziato a fare nel mio studio una volta finita la specializzazione: con parole semplici e rigorosi dati alla mano davo alle persone tutti gli strumenti che potevano loro servire per traghettare nel modo più facile e armonioso possibile verso un'alimentazione vegetale.

E, cosa più importante, infondere la sicurezza che la loro scelta non fosse affatto un capriccio campato per aria, ma il più grande regalo che potessero fare a loro stessi, prima ancora che al pianeta o agli animali.

Ecco da dove nasce l'idea di scrivere questo libro.

Perché se siete arrivati a leggere fin qui e siete ancora intenzionati a proseguire, so già che decine di domande frulleranno per la testa anche a voi.

La prima è sempre la stessa. Tiro a indovinare: «Ma i vegani da dove prendono le proteine?».

CAPITOLO 1

È facile diventare
vegano...

Se sai dove prendere
le proteine

(e tutto il resto)

Non sarebbe onesto da parte mia nascondervi che, nelle diete a base vegetale, alcuni nutrienti vengono definiti *critici*. Questo termine sta a significare che, in una dieta vegana *non correttamente pianificata*, è possibile che non se ne assumano a sufficienza.

Non sarà di certo il vostro caso: vedremo nelle pagine seguenti quanto sia semplice raggiungere tutti i fabbisogni raccomandati esclusivamente con alimenti di origine vegetale.

Attenzione: è probabile che questi nutrienti costituiscano comunque un problema per voi anche dopo aver terminato la lettura di questo capitolo.

Chi vi circonda, infatti, continuerà probabilmente a chiedervi allarmato come facciate a introdurre abbastanza _____ (qui potete inserire il nome di un nutriente critico a scelta) da quando non mangiate più derivati animali. Vediamoli uno per uno.

PROTEINE

Che cosa siano le proteine ve lo ricorderete probabilmente dalle lezioni di scienze alle scuole medie: lunghe catene di amminoacidi, ripiegate e avvoltolate più volte su loro stesse fino ad assumere forme tridimensionali caratteristiche per ciascuna. Lo scheletro di tutte le nostre cellule, dei nostri tessuti e dei nostri organi è fatto di proteine.

Anche le piccole molecole funzionali che rendono la nostra vita possibile sono proteine, come ormoni ed enzimi.

Che fossero un nutriente fondamentale lo si poteva intuire già dal nome: *protos*, in greco antico, significa "il primo, il più importante".

Negli ultimi anni, tuttavia, sono diventate un nutriente quasi mitologico, difficile da reperire in quantità accettabili a meno di non consumare carne, pesce, latticini e uova più volte al giorno. L'equivoco nasce dal fatto che le proteine contenute nei cibi di origine animale furono un bel giorno (si fa per dire) definite *nobili*.

Che cosa voleva dire?

Facciamo un passo indietro e ripassiamo qualcosa che avrete sicuramente già studiato al secondo anno delle scuole medie, forse proprio in occasione della famosa lezione sulle proteine.

Di tutti gli amminoacidi esistenti, sono venti quelli che entrano a far parte delle proteine. Di questi, il nostro fegato è perfettamente in grado di sintetizzarne dodici. Gli altri otto, definiti pertanto *essenziali*, andranno ricercati obbligatoriamente nel cibo.

Nelle proteine di origine animale gli amminoacidi essenziali si ritrovano in proporzioni simili alle proteine umane: da qui l'idea che fossero in qualche modo superiori.

Sono stati gli animali quindi a produrre quegli amminoacidi che noi non siamo in grado di farci da soli?

Assolutamente no. Sono state le piante.

Sorpresi? Forse non eravate così attenti durante quella lezione di scienze.

I vegetali sono gli unici organismi viventi in grado di incorporare l'azoto atmosferico in molecole organiche: gli amminoacidi, appunto.

I vegani non fanno altro che attingere direttamente alla fonte,

assumendo attraverso gli alimenti di origine vegetale tutti i possibili amminoacidi, inclusi quelli essenziali. Così facendo, peraltro, si evitano delle grandi seccature, come il colesterolo e i grassi saturi che si accompagnano per definizione ai derivati animali. Non male, eh? È sufficiente mettere nel piatto, durante tutto l'arco della giornata, un'ampia varietà di alimenti provenienti da tutti i gruppi alimentari vegetali (dei quali parleremo nel prossimo capitolo) per ottenere tutte le proteine di cui abbiamo bisogno.[1-3]

Non siete ancora convinti?

Facciamo qualche esempio pratico.

Un bicchiere di latte di soia con tre cucchiai di fiocchi di avena, un cucchiaio di mandorle e un po' di frutta contiene 11 grammi di proteine.

Per pranzo, con un piatto di pasta integrale con fagioli, seguito da un'insalata di spinaci novelli, noci tritate e una mela a cubetti ce ne portiamo a casa altri ben 23 grammi.

Una fetta di pane con un cucchiaio di crema di sesamo e un frutto per merenda? Sono altri 8 grammi.

Una crema di lenticchie rosse e zucca con riso integrale insaporita da una spolverata di nocciole e completata da un bel piatto di broccoli ripassati con aglio e olio ne apporta infine altri 26 grammi.

Il fabbisogno proteico giornaliero medio, oltretutto, non è così elevato come pensiamo: si aggira intorno ai 63 grammi per gli uomini e 54 grammi per le donne.[4]

Anche se, in ragione del fatto che le proteine vegetali sono meno digeribili, incrementassimo in via del tutto prudenziale il fabbisogno proteico dei vegani del quindici per cento, come suggerito da alcuni autori, otterremmo comunque degli apporti oltremodo facili da soddisfare.

I legumi e i derivati della soia (se vi piacciono) contribuiscono al raggiungimento della maggior parte del fabbisogno proteico quotidiano, ma anche i cereali e i loro derivati, la frutta secca, i semi oleosi e le verdure di colore verde danno un più che dignitoso apporto.

Non è necessario fare calcoli complicati per combinare diverse fonti proteiche vegetali nello stesso pasto,

come si sente ripetere spesso da chi, probabilmente, vorrebbe far desistere gli aspiranti vegani dal loro intento. Nel vostro sangue, infatti, sono sempre presenti amminoacidi essenziali liberi che avete introdotto nei giorni e nei pasti precedenti, pronti a partecipare alla sintesi proteica se fosse necessario.

Potete quindi stare più che tranquilli: non solo assumerete proteine a sufficienza con un'alimentazione vegetale, ma addirittura più del necessario.[5]

Per fortuna, contrariamente a quanto accade invece con un eccesso di proteine di origine animale, questo non costituirà una minaccia per la salute. Farete semmai il pieno di fibre, antiossidanti e sostanze fitochimiche ad azione protettiva.

C'è solo da guadagnarci!

FERRO

La seconda preoccupazione di chi si avvicina a un'alimentazione vegana, immediatamente successiva a quella di sgretolarsi in breve tempo a causa di una presunta carenza proteica, è quella di diventare anemico per insufficiente assunzione di ferro.

Il ferro è un minerale fondamentale per l'ottimale funzionamento del nostro organismo: trasporta l'ossigeno nel sangue affinché arrivi a tutte le cellule, permette a zuccheri e grassi di essere trasformati in energia e interviene come cofattore in moltissime reazioni enzimatiche.

Nonostante la sua innegabile importanza, però, non vale di certo il detto "più ce n'è, meglio è".

Il ferro, infatti, è un potentissimo ossidante, ragione per cui ci siamo evoluti in modo da tenerlo

PROTEINE NOBILI: CHE COSA VUOL DIRE VERAMENTE?

Le proteine contenute negli alimenti alla base di una dieta vegana vengono spesso definite *incomplete*. Chi non ha familiarità con la biochimica potrebbe quindi trarre l'affrettata conclusione che ai diversi alimenti vegetali manchino uno o più amminoacidi essenziali. Non è così, come avete appena appreso: i vegetali contengono *tutti* gli amminoacidi essenziali, e non potrebbe essere diversamente dal momento che sono proprio loro a sintetizzarli. Con il termine *incomplete* si indica semplicemente che uno o più amminoacidi essenziali in una suddetta proteina sono contenuti in proporzioni inferiori rispetto all'albumina, una proteina estratta dall'albume dell'uovo. Le proteine all'interno degli alimenti di origine animale, definite secondo questo criterio nobili o *complete* perché più si avvicinano alla composizione amminoacidica dell'uovo, sembrerebbero secondo quest'ottica quelle vincenti. Di recente però, alcuni ricercatori dell'Università di Yale e di Stanford hanno contestato questo obsoleto e superato modo di classificare le diverse fonti proteiche, che ha portato negli anni a un eccessivo consumo di carne, pesce, uova e latticini per la loro presunta superiorità.[6]

Se si valutasse la qualità di un alimento ricco di proteine per il suo impatto ambientale e sulla salute, dicono i ricercatori, la situazione verrebbe ribaltata e il titolo di *proteine nobili* se lo guadagnerebbero senza alcun dubbio quelle vegetali.

sempre schermato, ben nascosto da proteine dedicate al suo trasporto e deposito.

È credenza comune che il ferro-eme, il tipo di ferro contenuto nei muscoli degli animali, sia di qualità superiore a quello non-eme di origine vegetale, poiché assorbito in maniera più efficiente nel nostro intestino.

Più che *efficiente*, il termine che userei per descrivere l'assorbimento del ferro-eme è *indiscriminato*.

Proprio perché non ha alcun interesse a sovraccaricarsi, il nostro organismo ha elaborato negli anni un geniale stratagemma:

le cellule intestinali aumentano o diminuiscono l'assorbimento del ferro a seconda delle necessità. Non appena le scorte ematiche di questo minerale iniziano a scarseggiare... tac! Non se lo lasciano scappare.

Abbiamo invece ferro a sufficienza? Lasciano che passi lungo il tubo digerente e che si perda con le feci.

Questo affascinante meccanismo, però, non funziona con il ferro contenuto in carne e affini, che passa invece la barriera intestinale incurante del fatto che noi ne abbiamo o meno bisogno.[7] È facile quindi che chi non è abituato a fare affidamento sugli alimenti di origine vegetale per raggiungere il proprio fabbisogno abbia depositi di ferro più elevati del necessario, il che si è dimostrato essere un fattore di rischio per lo sviluppo di patologie cardiovascolari.[8]

Quando si passa a un'alimentazione vegana, invece, non ci si deve più preoccupare di questa eventualità. Gli alimenti di origine vegetale (legumi, cereali integrali, semi oleosi, frutta secca, verdure

ANTINUTRIENTI: PROBLEMI O VANTAGGIO?

La presenza di fitati, chelanti naturali del ferro, è tra i motivi per i quali i vegetali vengono erroneamente considerati una fonte poco affidabile.

Una dieta ricca di cereali, legumi, frutta secca e semi oleosi è così ricca di ferro, tuttavia, che l'effetto globale dei fitati sul suo assorbimento è trascurabile. Se la cosa vi preoccupasse in maniera esagerata, sappiate a ogni modo che esistono delle tecniche di preparazione degli alimenti (ammollo, fermentazione, lievitazione acida) che riducono sensibilmente la quantità di questo anti-nutriente.[3] Ma attenzione: non tutti i fitati vengono per nuocere.

Possiedono una dimostrata attività antitumorale[10] ed esercitano un effetto positivo sulla mineralizzazione dell'osso.[11,12]

verdi in foglia e frutta disidratata in particolare) hanno ferro da vendere.

Non solo arrivano ad averne anche il doppio o il triplo rispetto a carne e pesce,[9] ma il vostro organismo sarà perfettamente in grado di regolarsi e di prendersi solo quello che gli serve.

ZINCO

Sono certa che pochi di voi avranno sentito parlare di questo nutriente e delle sue fondamentali funzioni, come quella di intervenire nella duplicazione cellulare e di permettere un ottimale funzionamento del sistema immunitario.

Non dovrete quindi certo iniziare a interessarvene quando passerete a un'alimentazione vegana: anche chi non è vegano ricava già la metà del suo fabbisogno di zinco dai prodotti vegetali, senza nemmeno doversi sforzare.[13]

Ora che andrete ad aumentare il consumo di cereali integrali, legumi, frutta secca e semi oleosi rispetto a prima, a maggior ragione introdurrete sicuramente quantità più che sufficienti di questo minerale. Inoltre, le stesse tecniche di cottura e di preparazione dei cibi che rendono il ferro vegetale più biodisponibile (vedi box precedente) aiutano anche a liberare lo zinco dall'azione chelante dei fitati.

Visto? Ve l'avevo detto che non c'era proprio nulla di cui preoccuparsi. Passiamo oltre!

CALCIO

Come si fa a raggiungere il fabbisogno giornaliero di calcio senza assumere latticini?

Questa è una domanda che avreste dovuto già porvi anche prima di decidere di diventare vegani, comunque. Nessuno può fare affidamento solo sui derivati del latte per raggiungere il suo fabbisogno, pena l'assunzione eccessiva di grassi saturi e colesterolo.

Vi svelerò un segreto:

le mucche (e le pecore, e le capre) non sono in grado di fabbricare il calcio, ma si limitano a concentrare nel loro latte quello che assumono dall'erba che brucano.

61

Questo minerale è ampiamente presente nel suolo che, passando attraverso le radici, si concentra in molti alimenti vegetali (in alcuni più che in altri).

Come per le proteine, è molto più vantaggioso attingere direttamente alla fonte per assumerne quantità adeguate, anche perché insieme al calcio ci porteremo a casa moltissime altre sostanze con effetto protettivo.

La fonte vegetale principale sono le verdure verdi in foglia e quelle della famiglia delle crucifere. Non vi è alcun dubbio che questa famiglia di vegetali sia, dovendo per forza fare una classifica, quella più ricca di antiossidanti e composti fitochimici benefici per la nostra salute.

Che cosa dovete fare quando diventate vegani, per far sì che contribuiscano in modo significativo all'apporto di calcio? Semplice: aumentarne ancora di più il consumo, fino a renderlo possibilmente quotidiano. Tutta salute!

Nei mesi più freddi non avete che l'imbarazzo della scelta, dal momento che le crucifere (broccoli, cavolo nero, cime di rapa...) sono di stagione.

In primavera e in estate potrete approfittare della rucola (per esempio aggiungendone una manciata alle vostre insalate, o a un pesto), dei carciofi e degli agretti. La percentuale di calcio che viene assorbita da questi vegetali è addirittura doppia rispetto a quella che viene assorbita dai latticini.[14, 15]

Le verdure sono l'unica fonte vegetale di calcio? Assolutamente no, siamo appena all'inizio.

Tra tutti i legumi la soia ne è la più ricca, e i fitoestrogeni che contiene (dei quali vi passerà la irragionevole paura una volta per tutte nel prossimo capitolo) fanno sì che il calcio si depositi proprio laddove ce ne è bisogno, ovvero nelle ossa.

Il parmigiano contiene una quantità di calcio paragonabile a quella del sesamo: potete macinare una volta alla settimana una generosa quantità di quest'ultimo, tenerlo in un barattolo in frigo e spolverizzarne una generosa quantità sulla pasta.[15] Al contrario di quanto (spero) facciate con il formaggio grattugiato, in questo caso abbondate pure! Non c'è traccia di sale, né di colesterolo.

E ancora, perché non frapporre uno strato di crema cento per cento mandorle tra il pane e la marmellata che consumate a colazione? Anche questa è una fonte di calcio di tutto rispetto.[15]

Quattro fichi secchi gustati come spuntino o aggiunti per dare un tocco di dolce alla vostra insalata, inoltre, contengono da soli abbastanza calcio per soddisfare circa il dieci per cento del fabbisogno giornaliero.[2]

Due litri di semplice ed economica acqua del rubinetto, infine, contribuiscono in media con un altro venti per cento.[2]

Ho lasciato volutamente per ultimi, in questo elenco di fonti vegetali di calcio, il tofu e le bevande e gli yogurt vegetali, nei quali questo minerale viene aggiunto in modo artificiale nel processo di produzione. Ho preferito fornirvi prima gli strumenti validi per obiettare alla tipica argomentazione dei detrattori della dieta vegana, che sottolineano come senza latticini non sia possibile assumere calcio in modo naturale.

Potremmo discutere su quanto sia *naturale* assumere latte di un'altra specie o assumerne comunque dopo la fase dello svezzamento, ma non è questa la sede.

Per fortuna, se avete questo libro tra le mani, significa che siete già stati folgorati dalla rivelazione di non essere dei vitelli e vi state interrogando sulle possibili alternative a un alimento che fino a poco tempo fa – e nemmeno per colpa vostra – ritenevate indispensabile.

Sostituire il latte e lo yogurt vaccini che consumate abitualmente con alternative vegetali, o il formaggio fresco con il tofu, a parità di calcio contenuto e assorbito è una innegabile comodità,[16] a maggior ragione quando vi avvicinate per la prima volta a un'alimentazione vegetale e avete poca dimestichezza con le fonti di calcio alternative ai latticini.

FACCIAMO DUE CONTI

Non pensate di dover vivere con la calcolatrice in mano da ora in poi, per essere sicuri di assumere tutto il calcio necessario.

Se il vostro fabbisogno energetico è nella norma (superiore alle 1800-2000 kcal) e non state seguendo un regime ipocalorico, una dieta vegana bilanciata che comprenda tutti i gruppi alimentari vegetali distribuiti in modo vario nella giornata contiene già la quantità di calcio di cui avete bisogno.[2]

Se l'energia giornaliera che dovete introdurre è invece più modesta, dovrete prestare attenzione a includere quotidianamente sei porzioni di alimenti ricchi di calcio.

Può sembrare un'enormità, ma facciamo due conti. Sostituire il bicchiere di latte vaccino del mattino e lo yogurt del pomeriggio con le rispettive alternative vegetali permette di soddisfarne già quattro. Tra tutta la verdura che consumate in un giorno, sceglierne almeno un etto di un tipo ricco di calcio ne aggiunge un'altra ancora. La sesta porzione? Prendetela dall'acqua: ne basta poco più di un litro di quella del rubinetto!

ACIDI GRASSI OMEGA-3

Quando si parla degli essenziali acidi grassi omega-3 (per gli addetti ai lavori ALA, EPA e DHA) il primo (e unico) alimento chiamato in causa è sempre lo stesso: il pesce.

Come abbiamo visto per *tutti* i nutrienti esaminati fino a questo punto, anche i pesci non fanno che prendere qualcosa di già presente in natura (nelle alghe, in questo caso) e accumularlo nei loro tessuti. Peccato che, insieme agli acidi grassi omega-3, concentrino nei loro muscoli e nel loro grasso anche diossine, DDT, antibiotici (nel caso del pesce allevato) e, soprattutto, metalli pesanti come il metilmercurio.[17]

Se volessimo raggiungere il nostro fabbisogno di ALA, EPA e DHA solo e soltanto attraverso il pesce, supereremmo notevolmente il limite massimo di mercurio raccomandato dall'Organizzazione Mondiale della Sanità.[18, 19]

Senza contare poi che, dal momento che questi acidi grassi sono estremamente sensibili al calore, se ne perdono quantità significative con la cottura (e no, questo non è un invito ad abbuffarvi di sashimi).[20]

E c'è anche un altro piccolo (si fa per dire) problema: quello delle microplastiche. Che questo durevole materiale sia oggi un dramma per l'ecosistema marino è noto a tutti, oggigiorno, ma pochi sono al corrente che le conseguenze di tale disastro non riguardano solo il benessere degli oceani, ma anche i consumatori di prodotti ittici.

La plastica si discioglie molto lentamente in frammenti sempre più piccoli, che vengono accumulati lungo tutta la catena alimentare a partire dai piccoli microorganismi fino ad arrivare ai pesci più grossi.[21]

È troppo presto per stabilire se e quali effetti negativi sulla salute questo potrà comportare ma, nel dubbio, mi sembra un ulteriore ottimo motivo per procedere senza ulteriori esitazioni verso un'alimentazione completamente vegetale.

Sarete non solo messi davanti alla necessità di imparare dove si trovano gli acidi grassi omega-3 nel regno vegetale, ma verrete a conoscenza di un vostro sorprendente super potere: quello di riuscire, con la semplice assunzione del precursore di tutti gli omega 3 (ALA, l'acido alfa-linolenico) a sintetizzarvi autonomamente anche tutti gli altri (EPA e DHA).[22]

E c'è dell'altro. Al contrario di quanto succede in una dieta ricca in prodotti carnei, una dieta vegana pone già le condizioni ottimali affinché l'allungamento dell'ALA in EPA e DHA avvenga in modo efficiente.[2,23]

Il rapporto omega-6/omega-3 è infatti molto basso, e l'apporto di acidi grassi saturi è pressoché nullo.

Il modo più semplice per essere sicuri di assumere tutti gli acidi grassi omega-3 di cui avete bisogno è quello di utilizzare due cucchiaini di olio di semi di lino al giorno per condire le vostre pietanze: lo trovate nel banco frigo dei supermercati meglio forniti, in una bottiglietta di vetro molto scura. Conservatelo in frigo anche voi e tiratelo fuori solo al momento dell'utilizzo, possibilmente su pietanze tiepide o fredde (ricordate: gli omega-3 sono molto sensibili al calore).

Con poco meno di tre euro vi garantirete la giusta quantità di acidi grassi omega-3 per un mese intero, in barba a chi sostiene che la dieta vegana sia più costosa!

IODIO

Lo iodio è un micronutriente di origine marina essenziale per la produzione di ormoni tiroidei, dai quali dipendono moltissime delle nostre funzioni vitali. È così importante che il Ministero della Salute consiglia a tutti, anche a chi mangia pesce, di utilizzare sale iodato per scongiurare la carenza di questo minerale, molto diffusa prima dell'introduzione di questa misura a tutela della salute pubblica.[24]

Per evitare di introdurre troppo sodio (quel minerale presente nel sale da cucina che può portare, quando in eccesso, a un innalzamento della pressione arteriosa e ad altri problemi di salute) la Società Italiana di Nutrizione Umana ha però contestualmente fissato a 5 grammi il limite massimo di assunzione giornaliera di sale.

Perfetto! Proprio questa quantità (circa un cucchiaino raso) sarà sufficiente per fornirvi tutto lo iodio che vi serve. Non vi preoccupate, non è troppo. Innanzitutto, gli alimenti vegetali nella loro forma naturale non contengono, ovviamente, sale aggiunto. Inoltre, se fino a oggi siete stati consumatori abituali di salumi, affettati e formaggi – soprattutto stagionati – è probabile che ne abbiate introdotto ancora di più.[25] Non avete che da guadagnarci in questo senso, anche perché passando a una dieta vegana avrete dalla vostra un altro prezioso alleato per difendervi dall'eccesso di sodio: il potassio. Gli alimenti vegetali, in particolare verdure e frutta, ma anche legumi e frutta secca, ne contengono in abbondanza. Il potassio favorisce l'eliminazione del sodio con le urine, così che questo minerale non abbia modo di esercitare i suoi potenziali danni.

E LE ALGHE?

Le alghe marine sono ovviamente ricche di iodio. Anzi, ricchissime. Pure troppo. Ne bastano piccole quantità per compromettere la funzione tiroidea, sforando il limite massimo di assunzione di iodio consentita.[4,26]
Sebbene vengano spesso pubblicizzate come alimento fondamentale e irrinunciabile in una dieta vegana, è molto meglio invece farne a meno. Anche perché, per far sì che contribuiscano in modo significativo all'apporto di proteine, ferro o acidi grassi omega-3, bisognerebbe mangiarsene una piscina intera.

VITAMINA B12

Ta-daan.

Eccoci arrivati al nutriente più critico di tutti, dal momento che, ogni volta che si parla di alimentazione vegana, subito qualcuno solleva l'argomento.

Iniziamo subito precisando che sì, una dieta vegana andrà necessariamente integrata con la vitamina B12,[1,3] ma che questo non dovrebbe affatto farvi desistere dal vostro nobile intento.

Vediamo perché.

La vitamina B12 è sì presente solo nei muscoli e nel fegato degli animali, e in minor parte anche nei loro derivati, ma di certo non perché questi la producano attivamente. La vitamina B12 non è infatti sintetizzata né dai vegetali né dagli animali, bensì da microorganismi (batteri) presenti nel suolo o nell'intestino di alcuni degli stessi animali.[27]

Come abbiamo visto per tutti i nutrienti precedentemente menzionati, anche in questo caso gli animali si limitano ad assorbirla e concentrarla nei loro tessuti, impacchettandovela però insieme a sostanze poco piacevoli.

Non è meglio sciogliere sotto la lingua una pastiglietta contenente B12 ottenuta direttamente dai batteri produttori e gradevolmente aromatizzata ai frutti di bosco, risparmiandovi così le sgradite conseguenze per la salute di colesterolo, grassi saturi e ferro-eme?

Il risultato sarà un assorbimento uguale, se non addirittura superiore,[28] a quello che otterreste assumendola attraverso gli alimenti. E state tranquilli, il vostro portafoglio non ne risentirà: un integratore di vitamina B12 a una posologia di mantenimento vi costerà poco meno di 20 euro all'anno.

> Un altro vantaggio che deriva
> dal seguire una dieta vegana
> e dall'assumere un integratore
> di vitamina B12 è quello di poter essere
> certi, una volta per tutte, di avere
> dei livelli ematici ottimali,

il che non è affatto scontato per chi mangia prodotti animali e derivati.[29]

Innanzitutto, perché dal giorno che deciderete di basare la vostra alimentazione esclusivamente su alimenti vegetali, assumerete attraverso l'integratore sublinguale una quantità certamente sufficiente di vitamina. In secondo luogo, perché nei giorni immediatamente successivi al vostro cambio di alimentazione, vi farete prescrivere dal vostro medico curante un dosaggio della vitamina B12 (insieme a folati, omocisteina ed emocromo per meglio contestualizzare una eventuale carenza) e andrete a fare gli esami del sangue.

Quando ritirerete i risultati, non tirate subito un sospiro di sollievo se vedete che accanto al vostro valore della vitamina B12 non compare alcun aste-

SEGNATEVI QUESTA!

Ne incontrerete sicuramente uno anche voi prima o poi, di queste creature leggendarie: il vegano da trent'anni che non ha mai integrato la vitamina B12. Cercherà di convincervi che sta benissimo, che lui non ne ha bisogno perché «ha l'intestino in ordine» e comunque «utilizza l'alga spirulina».

Non cascateci. È vero che, come avviene per i ruminanti, anche nel nostro intestino abitano dei batteri in grado di produrre vitamina B12. Peccato però che la sede intestinale di assorbimento sia molto più a monte rispetto alla sede in cui viene prodotta e, al contrario dei salmoni, la vitamina B12 non sia in grado di risalire la corrente.

Chi nega la necessità di integrare la vitamina B12 in una dieta vegana spaccia i più disparati alimenti vegetali, dal tempeh alla verdura non lavata, come fonti affidabili. Non è così. Al contrario, alcuni vegetali (come l'alga spirulina, appunto) contengono degli analoghi inattivi che possono essere erroneamente rilevati agli esami del sangue, senza però esercitare alcuna funzione biologica e infondendo quindi una falsa tranquillità.

risco. Per poter affermare che non ci sia nemmeno un principio di carenza, questa dovrà essere superiore a 500 pg/ml.[29]

Se fosse il vostro caso, proseguite serenamente ad assumere vitamina B12 al dosaggio di mantenimento che avevate già iniziato. In caso contrario, nessun problema: il vostro medico vi consiglierà di aumentare la dose per un breve periodo.

VITAMINA D

Il termine stesso *vitamina* suggerisce che si tratti di un nutriente essenziale per la vita, da introdurre necessariamente attraverso il cibo.

Nel caso della vitamina D si tratta invece di un appellativo improprio, perché *se* ci si espone correttamente alla luce solare la nostra pelle è perfettamente in grado di sintetizzarne a sufficienza.

Il nocciolo della questione risiede tutto in quel *se*.

Se si vive a latitudini sfavorevoli (vale a dire, non all'equatore o ai tropici), *se* si utilizzano filtri solari (il che è in ogni caso fortemente raccomandato per la prevenzione dei tumori cutanei) e *se* ci si espone poco al sole (perché si trascorre la maggior parte della giornata al chiuso) è probabile che la produzione endogena di vitamina D non sia sufficiente, e che questa andrà integrata, indipendentemente da ciò che mettete o meno del piatto.[30]

Se per lavoro quindi non gestite un chiringuito alle Canarie e non trascorrete la vostra giornata in costume da bagno, è bene che verifichiate quanto prima di non essere già in uno stato di carenza, eventualità peraltro alquanto probabile se vivete in Europa e non vi eravate mai posti il problema prima d'ora.[31]

Approfittate del prelievo di sangue che avete già in programma: valori di vitamina D superiori a 30 ng/ml sono sufficienti,[32] in caso contrario il vostro medico curante vi prescriverà un integratore per correggere prima lo stato di carenza e poi per mantenere livelli adeguati.

Se questo capitolo fosse una presentazione in PowerPoint proiettata a un congresso medico, saremmo ora arrivati al momento della slide finale, nella quale solitamente il relatore riassume il *take home message*.

Come possiamo condensare al massimo quanto avete imparato in questo capitolo? È semplice.

Non esiste nessun rischio reale di carenza nel passaggio a una dieta vegana, perché qualsiasi nutriente presente nei cibi di origine animale e nei loro derivati proviene comunque dal regno vegetale: gli animali si limitano a concentrarlo al loro interno.

Non troverete invece vitamina B12 in nessun cibo di origine vegetale: andrà quindi integrata.

La carenza di vitamina D è un problema che può riguardarvi indipendentemente dalla vostra dieta, e ora lo sapete.

CAPITOLO 2

È facile diventare vegano...

Se sai fare la spesa

Ora che sapete quanto sia facile reperire tutti i nutrienti che vi servono a partire da alimenti di origine vegetale, è giunto il momento di passare all'azione.

Nel prossimo capitolo vedremo come organizzare pasti vegetali gustosi, veloci e bilanciati ma, affinché questo sia possibile, è necessario che abbiate a disposizione gli ingredienti giusti.

Un luogo comune duro a morire vuole che i vegani si nutrano prevalentemente a base di surrogati industriali dei corrispettivi alimenti di origine animale:

il finto formaggio, i finti burger, i finti affettati. Seppur privi delle molecole potenzialmente dannose che si possono invece ritrovare negli alimenti di origine animale, non si può certo affermare che questi prodotti posticci siano una passeggiata di salute: sono spesso troppo salati e il loro apporto nutrizionale in termini di antiossidanti e minerali è pressoché nullo. Non cascateci!

Cogliete piuttosto l'occasione data dal passaggio a un'alimentazione vegana per aumentare il consumo di quegli alimenti che stanno alla base di *qualsiasi* piramide alimentare: cereali integrali, legumi, verdure, frutta, frutta secca e semi oleosi.

Immaginiamo di fare un tour virtuale tra le corsie di un supermercato ben fornito.

Cosa dovreste mettere nel vostro carrello?

VERDURA E FRUTTA

La metà (almeno) di ciò che finirà nel vostro frigo, e di conseguenza nei vostri piatti e nel vostro stomaco, dovrebbe provenire dal reparto ortofrutta il che, a dire il vero, vale anche per chi vegano non è.[1]

Iniziate con l'assicurarvi che il colore verde sia ben rappresentato, sia da verdure verdi in foglia (come rucola, cicoria o spinaci) sia da vegetali appartenenti alla famiglia delle crucifere (broccoli, cavoletti di Bruxelles, cime di rapa). In ogni stagione è possibile trovare almeno uno o due esponenti per ciascuna categoria. Sono le verdure più ricche di ferro e di calcio, ma anche di preziosi antiossidanti e sostanze ad azione benefica per l'organismo.

Anche quelle colorate diversamente, però, possiedono ottimi motivi per essere consumate, e non mancate di acquistarne sempre di più varietà possibili.

Il pigmento caratteristico delle verdure gialloarancioni, come carote, zucca o peperoni, è il beta-carotene, il precursore della vitamina A, una molecola a dimostrata attività antitumorale che aiuta anche nell'assorbimento del ferro vegetale.

Quelle rosso-violacee, come il pomodoro e la cipolla rossa, devono il loro colore a licopene e antociani, potentissimi antiossidanti.

E quelle di colore bianco, come aglio, porri e finocchi, non possiedono nessuna proprietà in particolare? Tutt'altro: contribuiscono all'abbassamento del colesterolo e della pressione sanguigna.

Dal momento che la verdura non dovrebbe mai mancare sulla vostra tavola, prevedete di tenerne sempre un po' in freezer, per far fronte alle emergenze.

Sarà sempre e comunque molto meglio consumarla in questo modo che non consumarla affatto.

Passate ora a fare il pieno di frutta, il miglior

snack spezza fame che sia mai stato inventato, e al contempo il meno pubblicizzato. Pratico da trasportare, nutriente nel vero senso della parola, con involucro naturalmente biodegradabile e saziante con poche calorie.

I criteri che dovrebbero guidarvi nella scelta sono innanzitutto la varietà e la stagionalità, ma anche la provenienza geografica: diminuire il vostro impatto ambientale a tavola a suon di frutta tropicale, d'altronde, sarebbe un po' un controsenso. Siate preparati inoltre al fatto che, da quando annuncerete il vostro cambio di alimentazione, saranno tutti all'erta al fine di cogliervi in flagrante con dell'avocado o della papaia nell'insalata per dimostrare la vostra incoerenza. Giocate d'anticipo.

 SEGNATEVI QUESTA!

Se ciò che vi aveva trattenuto fino a oggi dal passare a una dieta vegana era la paura che aumentando il consumo di vegetali avreste assunto troppe sostanze nocive (perché come qualcuno obietta spesso sui social network: «Le verdure oggi sono tutte piene di schifezze!!!!»), vi consiglio di riconsiderare la cosa alla luce di questo semplice concetto: a parità di esposizione a pesticidi e inquinanti ambientali, è molto meglio consumare direttamente i vegetali piuttosto che i derivati di animali che a loro volta si sono cibati dei medesimi vegetali. Nel corso della vita dell'animale, infatti, tali sostanze si accumulano per molto più all'interno dei loro tessuti (in maggior misura in quello adiposo) e vengono secrete nel loro latte.

CEREALI E DERIVATI

Così come la verdura e la frutta sono delle componenti essenziali di qualsiasi alimentazione che voglia definirsi sana, così lo è anche il gruppo dei cereali e dei suoi derivati.

Un pasto principale che si rispetti non può dirsi bilanciato, infatti, se non è presente almeno un esponente di questa categoria.

Ogni cultura tende ad affezionarsi a un cereale in particolare e a riproporlo nella maggior parte delle ricette tradizionali: è il caso del riso in Giappone, del mais in Sudamerica e del frumento in Italia.

Eh, già, perché se a oggi siete abituati a mangiare fette biscottate a colazione, pasta a pranzo e pane a cena, anche se vi sembra di variare nelle vostre scelte, purtroppo sempre dello stesso cereale si tratta.

Escludere del tutto questo gruppo alimentare dalla propria alimentazione sarebbe un pericolosissimo errore, ma operare scelte monotone al suo interno, seppur non grave, resta comunque un peccato. Cereali meno conosciuti, come grano saraceno, miglio, sorgo, orzo o avena apportano molti più minerali, fibre e vitamine rispetto a frumento, riso e mais, noti come *cereali maggiori*.

A parità quindi di volume occupato nel vostro piatto e di energia apportata, perché non alternare i diversi tipi di cereale, così da trarne più nutrimento? Se a frenarvi è l'idea di dover passare ore e ore ai fornelli ad aspettare che i cereali in chicco si cuociano, vi tranquillizzo subito: esistono tantissime alternative che non comportano un eccessivo dispendio di tempo.

Perché non mettere nel vostro carrello tipologie di pane e pasta ottenuti a partire da cereali meno noti? Una scelta più o meno vasta si trova ormai dappertutto: pensate alla pasta di kamut o di grano saraceno, al pane di segale o di farro. Consumerete comunque alimenti ai quali siete già abituati, ma avrete ampliato i vostri orizzonti (e di conseguenza il vostro apporto di nutrienti) senza particolari sforzi.

Sappiate poi che in commercio si trovano cereali in chicco pronti in soli dieci minuti dal momento in cui vengono versati in acqua bollente. Questo accorciamento dei tempi di cottura è possibile grazie a un pretrattamento a vapore, che non ne altera la qualità nutrizionale e va tutto a vostro vantaggio. Approfittatene!

Per cuocere un cereale in chicco partendo da zero, in ogni caso, non ci mettereste tanto di più: è sufficiente metterlo in una pentola con un doppio o triplo volume di acqua (lo trovate sempre scritto sulla confezione), portare a ebollizione, salare, mettere il coperchio, abbassare il fuoco al minimo e dimenticarsene. In venti minuti sarà pronto!

GLI ZUCCHERI NON SONO TUTTI UGUALI

Non è insolito che fantasiosi regimi dietetici scoraggino il consumo di cereali e derivati, a causa del loro elevato contenuto di zuccheri. E meno male che ne contengono in quantità, aggiungo io. Il glucosio, unico possibile carburante delle nostre cellule in condizioni fisiologiche, è veicolato dai cereali e dalle verdure amidacee, come le patate, nella miglior forma che potessimo desiderare: in molecole voluminose (amidi) che richiedono una lenta digestione, complessato insieme a fibre, minerali come ferro e zinco, vitamine del gruppo B e antiossidanti.

Mettere questa preziosa categoria di alimenti sullo stesso piano di dolciumi e bevande zuccherate è scorretto e fazioso. Se farete l'errore di dare retta a chi vi invita a bandirli o a limitarli eccessivamente, oltretutto, sarete perennemente affamati.

85

Se siete infine abituati a iniziare la giornata inzuppando dei cereali nel latte o nello yogurt (dei quali ci occuperemo più tardi), la cosa si fa ancora più semplice. Accanto ai famosissimi cereali da colazione a base di mais e di frumento, potete trovare i più disparati cereali in chicco in fiocchi o soffiati e pronti al consumo. Sostituire i primi con i secondi non vi costa nulla, anzi. Avete solo da guadagnarci!

LEGUMI

Mi auguro che fin qui non abbiate trovato differenze sostanziali rispetto alla spesa che eravate soliti fare in precedenza. Ora, invece, c'è una novità.

Invece di dirigervi verso il banco dei salumi, della carne, degli affettati e dei formaggi andrete a cercare altrove le vostre proteine (risparmiando pure parecchio!).

Fermate il carrello virtuale davanti alla corsia dei legumi: l'ultima volta che ci siete passati era lo scorso 31 dicembre, per acquistare le lenticchie da accompagnare al cotechino? Male, molto male!

Anche in una dieta non vegana questi dovrebbero essere la fonte proteica più rappresentata tra tutte:

la piramide mediterranea ne consiglia a chiunque un consumo quotidiano.

Il passato, per fortuna, è passato. È giunto finalmente il momento di familiarizzare con una categoria di alimenti che apporta un'ottima quantità di proteine – confezionate insieme a fibre, minerali e vitamine – e non appesantite da grassi saturi e colesterolo.

Se l'ipotesi di consumare legumi ogni giorno per il resto della vostra vita vi suona come una monotona condanna, probabilmente siete fermi all'idea che esistano solo piselli, lenticchie e fagioli e che più di aggiungerli alla pasta o a un minestrone di verdure non si possa fare.

Nulla di più lontano dalla realtà!

Potreste mangiare un tipo di legume diverso ogni giorno per settimane intere, senza mai ripetervi.

Esistono le fave, i ceci classici, i ceci neri, le lenticchie rosse, le lenticchie verdi, le lenticchie gialle, gli edamame, i fagioli cannellini, i lupini, i fagioli bianchi di Spagna, i fagioli mung, i fagioli azuki, i fagioli dell'occhio, i fagioli neri, i fagioli rossi e la roveja, per citare soltanto quelli tipici della nostra penisola.

Questi possono diventare il tocco che completa le vostre insalate miste, l'ingrediente principale di golose polpette, la base per un pesto sostanzioso o una saporita vellutata, paté e hummus da spalmare sul pane o nei quali immergere bastoncini di verdura cruda.

Se la vostra voglia di cucinare è ai minimi storici, approfittate dei legumi in vasetto, quelli già cotti: vi basterà scolarli e sciacquarli bene sotto l'acqua corrente per liberarvi del sale di conservazione.

Una comoda alternativa sono i legumi surgelati da freschi, che richiedono tempi di cottura decisamente inferiori rispetto a quelli secchi. Questi ultimi, comunque, non sono così drammatici da preparare: è sufficiente un po' di organizzazione.

Metteteli a bagno la sera precedente, cuocetene una grande quantità tutta in una volta e porzionatela in contenitori a chiusura ermetica, che potrete conservare nel freezer e tirare fuori al bisogno.

La pasta preparata al cento per cento con farine di legumi, che negli ultimi tempi fa sempre più spesso capolino dagli scaffali dei supermercati, è un'altra delle possibilità grazie alla quale anche i più pigri possono consumare questo gruppo alimentare.

Infine, non dimenticate di mettere nel vostro carrello anche della farina di ceci o altri tipi di farine di legumi. Se mescolate con una doppia quantità

QUESTIONE DI ABITUDINE

Avete evitato di mangiare i legumi per anni perché vi causano un fastidioso gonfiore addominale?

Non è di certo colpa loro. È colpa vostra, che non ne avete mangiati abbastanza. Quando i legumi vengono consumati con regolarità, infatti, la flora batterica intestinale è allenata nel digerire anche le loro fibre. Tranquilli, una volta digerite non andranno ad aggiungersi al vostro bilancio calorico; verranno invece utilizzate come substrato energetico da parte degli stessi batteri, che vi ringrazieranno producendo acido butirrico, una molecola dalle molteplici attività protettive per il nostro organismo.

Se i legumi sono invece una rara eccezione nel vostro panorama alimentare, c'è da aspettarsi che la vostra flora batterica intestinale non sappia come gestirne l'improvviso (ma benefico!) aumento quando passerete a una dieta completamente vegetale. Ma anche questo è un ostacolo facilmente aggirabile. Iniziate con il consumarne ogni giorno una piccola quantità, preferendo inizialmente i legumi decorticati (quelli già naturalmente privati della buccia, come le lenticchie rosse e le fave secche) oppure passati al passaverdure.

Sono necessari circa dieci, quindici giorni di consumo quotidiano e costante per avere dei risultati, ma tenete duro: la ricompensa sarà poter approfittare ogni giorno per il resto della vostra vita di questi preziosi alimenti, senza che vi rechino fastidio alcuno.

di acqua e un cucchiaio di olio extravergine di oliva diventano una versatile pastella, alla quale potrete aggiungere verdure crude e cotte, spezie ed erbe aromatiche, da cuocere in forno o in padella, proprio come fareste con una frittata.

DERIVATI DELLA SOIA

Non riesco a spiegarmi come mai ci sia tutto questo astio nei confronti della soia.

Saranno state le lenticchie a mettere in giro certe false dicerie? Probabilmente erano gelose del suo notevole contenuto di calcio, o del suo ferro sotto forma di ferritina, particolarmente ben assorbito a livello intestinale.[2] Magari è il suo profilo lipidico, ricco di acidi grassi omega-3, a destare invidia. Chissà.

Per me (e per chi conosce l'argomento in modo veramente approfondito)[3] rimarrà sempre un mistero il fatto che, a causa di infondate paure, si decida volontariamente di rinunciare a questo legume dalle proprietà straordinarie.

Per carità, si può benissimo vivere anche senza. Ma si vive meglio (e più a lungo) con.[4]

A ogni modo, nel nostro tour immaginario in un supermercato troverete tantissimi prodotti alimentari a base di soia: dai burger allo spezzatino, dalla panna da cucina ai gelati. Lasciateli dove sono: gli unici derivati della soia che vale la pena acquistare sono quelli minimamente processati.

Potrebbe farvi comodo tenere sempre nel frigo, per esempio, una o due confezioni di tofu; se la prima volta che l'avete assaggiato vi ha disgustato e avete giurato a voi stessi che mai più ci sareste cascati nuovamente, vi invito a riconsiderare la vostra posizione. Certo, se lo aggiungete a un'insalata di olive, pomodori e cetrioli sperando che, vista la somiglianza, il sapore vi ricordi quello della feta, siete fuori strada. A nessuno (o quasi) piace il tofu al naturale, così come il petto di pollo crudo e scondito. Il tofu è un alimento molto versatile, che assorbe con estrema facilità i sapori forti con il quale viene a contatto. È un trasformista. Oggi è un paté con olive e pomodori secchi da spalmare sulle tartine, domani una mousse al cioccolato o delle croccanti polpette.

Tagliato a cubetti, marinato in un goccio di salsa di soia, paprika e limone e saltato in padella è il completamento ideale di una leggera insalata estiva.

Quando avete ospiti improvvisi a cena, e in frigo solo una zucchina, diventa un furbo espediente per "allungare il brodo" e preparare un sugo della pasta che accontenti tutti i commensali.

Potrà non piacervi immediatamente: dategli fiducia. Se non è cosa, però, non ve ne crucciate. Potreste magari appassionarvi a un'altra forma con la quale i fagioli di soia vengono commercializzati, vale a dire il tempeh. Troppe consonanti tutte insieme per suonare commestibile, lo so. Eppure, anche il tempeh è un alimento meraviglioso. I fagioli di soia cotti vengono fermentati fino a che non si forma un blocco com-

SEGNATEVI QUESTA!

Fate bene a essere preoccupati per il fatto che ettari su ettari di foresta amazzonica vengano bruciati per fare spazio a questo legume, ma potete stare tranquilli che la quasi totalità della soia coltivata nel nostro pianeta (circa il novantotto per cento) diventa mangime per nutrire i miliardi di animali da reddito, e non di certo tofu. Basterà poi leggere le etichette dei prodotti a base di soia che state acquistando per verificare quanto facilmente questa sia di origine europea o addirittura italiana. Capisco poi che le contaminazioni della cucina tradizionale con alimenti originari di altri continenti possano spaventare i puristi del Made in Italy, ma vorrei far loro notare che l'ultima volta che ciò è successo ci abbiamo guadagnato la pasta al pomodoro.

patto che viene venduto in panetti. Potete tagliarlo a fette, marinarlo e saltarlo in padella oppure sbriciolarlo e cuocerlo come se fosse un ragù, con un trito di sedano, cipolla e carota e della salsa di pomodoro.

Gli ultimi due derivati della soia che vale la pena consumare sono il latte (o bevanda, che dir si voglia) e lo yogurt. Sceglieteli senza zuccheri aggiunti e, se potete, addizionati di calcio.

FRUTTA SECCA E SEMI OLEOSI

Tiro a indovinare. L'ultima volta che nel vostro carrello ci è finita anche una confezione di noci è stato sempre in occasione dello scorso Capodanno, perché vi servisse qualcosa da sgranocchiare durante l'immancabile partita a Mercante in fiera. Ci ho azzeccato? È probabile, perché nonostante un consumo quotidiano di almeno 30 grammi di frutta secca (e dei suoi parenti prossimi, i semi oleosi) sia fortemente raccomandato, in pochi seguono questa indicazione al di fuori del periodo delle feste natalizie. Diventare vegani sarà la vostra occasione per iniziare finalmente a consumare questo gruppo alimentare con più regolarità.

Tenete sempre a disposizione nella vostra dispensa noci, mandorle, pistacchi, nocciole, pinoli, semi di sesamo, di zucca, di lino e di girasole. Si conservano molto a lungo dentro a contenitori a chiusura ermetica e avrete a disposizione in pochi secondi una merenda energetica, gli ingredienti base per un pesto veloce o quel tocco in più per arricchire i vostri piatti.

Scoprirete presto anche l'esistenza dei goduriosissimi burri di frutta secca e di semi oleosi.

Il nome li penalizza, ma di altro non si tratta che di mandorle, arachidi, nocciole o semi di sesamo frullati fino a diventare una liscia e irresistibile crema. Potete spalmarli sul pane, aggiungerli a frullati e sorbetti, oppure mangiarli direttamente a cucchiaiate. Rispetto alle più famose creme spalmabili, questi non contengono né zuccheri né oli tropicali, quindi nemmeno sensi di colpa.

BEVANDE E YOGURT VEGETALI

Avete fatto caso a quanto sia aumentata negli ultimi anni l'offerta di alternative vegetali al latte animale? È ormai possibile trovare latti vegetali a base di riso, di avena, di farro, di miglio, di nocciola, di mandorla e di molti altri tra cereali, frutta secca e semi oleosi. Non avrete che l'imbarazzo della scelta per sostituire egregiamente il latte vaccino (o di altri mammiferi) con il quale macchiate il caffè e inzuppate i vostri cereali al mattino. Trovatene uno che sia di vostro gusto, possibilmente addizionato di calcio e senza zuccheri aggiunti.

Quello di soia è l'unico ad apportare una significativa quantità di proteine, ma se non vi piace non c'è nessun problema: come vedremo nel prossimo capitolo, non è affatto una bevanda necessaria per una dieta vegana bilanciata.

In quanto alternative vegetali allo yogurt vaccino, in Italia siamo ancora piuttosto indietro. Non vi affezionate troppo a quelli a base di latte di cocco perché, oltre a non essere un prodotto molto sostenibile, sono particolarmente ricchi di grassi saturi.

Quelli a base di riso o di mandorla, invece, sono spesso pieni di zuccheri e addensati in modo artificiale.

Come abbiamo visto prima, se consumate abitualmente yogurt a base di latte vaccino, sarà meglio che vi limitiate a sostituirlo solo con quello bianco di soia con aggiunta di calcio.

OLI VEGETALI

Quando arriva il momento di scegliere con che grasso cucinare o condire le vostre pietanze, quelli di origine animale sono sempre e in ogni caso fuor di discussione (oltre che dalla piramide alimentare).

Non fatevi comunque abbindolare dall'esistenza di molti diversi oli vegetali: l'unico che andrebbe utilizzato, al fine di non sbilanciare negativamente il rapporto di acidi grassi omega-6/omega-3 della vostra alimentazione, è quello extravergine di oliva.

Attenzione però a non esagerare. Nonostante venga definito abitualmente un "grasso buono", si tratta pur sempre di un grasso, la forma di energia più concentrata che esiste, e il fatto che lo produca

NIENTE OLIO DI LINO? NO PROBLEM

Se nella vostra città fate fatica a trovare dell'olio di semi di lino che rispetti la catena del freddo e sia venduto nel banco frigo, potete ripiegare su semi di lino, semi di chia o noci per avere comunque un adeguato apporto giornaliero di acidi grassi omega-3. Ricordatevi però di macinare i semi di chia e di lino fino a renderli una polvere: sono così piccoli e coriacei che altrimenti li evacuereste tali e quali senza assorbire un bel niente.

vostro zio nella sua tenuta di campagna in Toscana non ne azzererà il potere calorico. Andateci piano.

Se avete deciso di ricorrere all'olio di semi di lino come fonte di omega-3 vegetali, dovrete probabilmente recarvi in un negozio di alimentari specializzato per essere sicuri di acquistarne uno che rispetti la catena del freddo e che si trovi quindi nel banco frigo. Se così non lo trovate, però, non fatene un dramma: abbiamo visto che esistono molte alternative per non farsi mancare questi acidi grassi essenziali.

VARIE ED EVENTUALI

Olive, capperi, carciofini e funghi conservati, pomodori secchi e spezie in polvere non dovrebbero mai mancare in nessuna dispensa che si rispetti. Possono davvero fare la differenza nella resa finale delle pietanze che preparate, così come le varie erbe aromatiche. Se non potete coltivarne personalmente sul terrazzo, chiedetene ogni settimana qualche mazzetto al vostro fruttivendolo e conservatele in frigo avvolte in un foglio di carta da cucina.

Bene, il nostro tour virtuale è terminato.

«Ma come?» direte voi. «Niente bacche di Goji? Niente baobab in polvere? E le bistecche di seitan? Non serve assolutamente anche l'acidulato di prugne Umeboshi per una dieta vegana che si rispetti?»

Posso comprendere la vostra sorpresa, perché fino a qualche anno fa la pensavo esattamente come voi. Ma la risposta è no.

Come avete potuto toccare con mano, tutto ciò che serve tenere in dispensa e nel frigorifero per essere sicuri di alimentarsi correttamente seguendo una dieta completamente vegetale non è per nulla esotico, insolito o estremamente costoso.

E a proposito, ma quanto abbiamo speso? Facciamo due conti.

Togliamo dal conteggio la frutta, la verdura, l'olio e i cereali, che avreste comprato in ogni caso.

Un chilo di carne costa dai dieci agli oltre sessanta euro; un etto e mezzo di crescenza poco più di due euro mentre la stessa quantità di ricotta, invece, poco di meno.

Un chilo di lenticchie, dall'altro lato, costa meno di otto euro. I ceci poco più di cinque.[5]

E il tofu, che comprereste al posto della crescenza o della ricotta? Nel più noto supermercato biologico lo paghereste comunque meno dei menzionati latticini.[6]

I 30 grammi di frutta secca che inizierete ora a consumare ogni giorno, dal canto loro, vi costeranno meno di un caffè.[7] Se opterete per i semi, ancora di meno.[6]

Come avete potuto constatare,

anche il vostro portafoglio è più che felice della vostra scelta di cambiare alimentazione.

Ma come organizzare i vostri pasti, ora che avete a disposizione tutto ciò che vi serve?

Lo vediamo nel prossimo capitolo.

CAPITOLO 3

È facile diventare vegano...

Se sai organizzare i tuoi pasti

È stata la spesa più colorata di sempre e, probabilmente, anche la più economica. Avete diligentemente travasato la frutta secca, i semi, i cereali e i legumi in barattoli di vetro trasparenti che avete poi allineato in bella mostra sullo scaffale della cucina. Il vostro frigo è straripante di frutta e di verdura. Presi dall'entusiasmo, vi siete anche lanciati nell'acquisto di qualche confezione di latte vegetale e di un po' di tofu.

Vi starete chiedendo come fare ora per introdurre tutti questi nuovi alimenti nella quotidianità, senza dover rivoluzionare la vostra vita e con la sicurezza di seguire una dieta che apporti tutto il necessario. Dovrete studiare complicati manuali di nutrizione, pianificare minuziosamente ogni pasto, tenere un rigoroso diario alimentare e sedervi al tavolo a fine giornata muniti di calcolatrice per verificare di aver assunto tutti i nutrienti nelle quantità raccomandate?

Certo che no. È molto più semplice di quanto possa sembrare.

Chi non segue un'alimentazione vegana, per essere sicuro di avere una dieta adeguata si affida alle linee guida dietetiche per la popolazione generale: il loro scopo, infatti, è proprio quello di semplificare l'esistenza a chi le applica. Suggerendo le quantità (indicative!) da consumare ogni giorno per ciascuna categoria di alimenti, le linee guida fanno sì che l'utente raggiunga senza sforzi tutti i suoi fabbisogni nutrizionali.

E chi è vegano? Fa esattamente la stessa cosa.

Esistono delle linee guida rivolte in modo specifico a coloro che seguono una dieta al cento per cento vegetale. Ne rileggerete due o tre volte le raccomandazioni cruciali per essere sicuri di averle comprese a fondo, ci prenderete la mano e non ci penserete mai più.

Permettetemi una piccola parentesi di orgoglio patriottico: è proprio l'italiana Società Scientifica di Nutrizione Vegetariana ad avere ideato quelle più recenti, pubblicate dopo rigorosa *peer-review* (se non vi ricordate che cosa vuol dire, tornate alla prima parte di questo libro) sulla prestigiosa rivista di settore *Journal of the Academy of Nutrition and Dietetics*.[1]

Prima di iniziare a vedere quali sono i pochi punti salienti da tenere presente, ci tengo a esortarvi ad affrontare la questione della pianificazione della vostra alimentazione con un approccio molto elastico. Non succederà nulla se, per causa di forza maggiore, non riuscirete ad aderire ogni giorno al cento per cento delle raccomandazioni: ci sarà tempo di recuperare il giorno dopo, o quello dopo ancora. Il vostro obiettivo dovrebbe essere quello di interiorizzare a tal punto le poche raccomandazioni che vedremo così da arrivare presto a non dover più pesare nulla, né dedicare eccessiva attenzione alla composizione dei vostri pasti. Consumerete ogni giorno tutti i gruppi alimentari nelle proporzioni che, dopo un po' di pratica, avrete capito essere quelle corrette.

Ascolterete la vostra fame, risponderete con alimenti vegetali in modo vario, e andrà benissimo così.

LE (POCHE) REGOLE D'ORO

Il *VegPlate*, questo il nome del metodo italiano per la pianificazione di diete a base vegetale, suggerisce un numero fisso di porzioni per ciascun gruppo alimentare da consumare ogni giorno a seconda del proprio fabbisogno calorico. In questo modo, l'adeguatezza nutrizionale è automaticamente raggiunta.

Possiamo sintetizzare i concetti chiave del *VegPlate* come segue:

- **Ogni giorno consumate tre porzioni di alimenti vegetali ricchi di proteine.**

  Attenzione al concetto di porzione, che non è da intendersi come la quantità che effettivamente vi mettete nel piatto, bensì all'americana: un *serving* (porzione) di cibi vegetali ricchi di proteine è pari a 30 grammi di legumi secchi (o 80 grammi cotti), 125 grammi di yogurt di soia, 200 ml di latte di soia o 80 grammi di tofu o di tempeh. Per farvi un banale esempio pratico e mostrarvi di che irrisoria quantità si tratta, pensate che con un vasetto di legumi (che pesano circa 240 grammi una volta sgocciolati) sareste idealmente a posto per tutta la giornata. E vi costerebbe meno di un euro!

- **Assicuratevi di includere ogni giorno almeno 600 grammi di verdure.**
  Nessuno le pesa mai per davvero, lo so, ma fate in modo che costituiscano *almeno la metà* di ciò che mettete nel piatto ai pasti principali. Se potete e se sono di stagione, preferite quelle verdi in foglia o quelle della famiglia delle crucifere (broccoli & co), visto il loro prezioso apporto di calcio.

- **Non fatevi mancare i cereali, sceglieteli integrali e variatene il più possibile la tipologia.**
  La quantità di cereali da consumare quotidianamente, al contrario di quanto abbiamo visto per i due precedenti gruppi alimentari per i quali è fissa, varia in base al vostro fabbisogno calorico.
  In ogni caso, non scendete mai sotto i 30 grammi a colazione e i 60 grammi (peso a crudo) ai pasti principali, o non starete in piedi dalla fame!

- **Ricordatevi del gruppo alimentare della frutta secca e dei semi oleosi.**
  Il consumo consigliato in media è di 30-60 grammi al giorno, ma può aumentare ancora nel caso il vostro fabbisogno energetico sia più alto della media.

- **Usate i grassi da condimento con attenzione.**
  Non esagerate con l'olio extravergine di oliva e non mancate di introdurre quotidianamente

fonti di acidi grassi omega-3. Due cucchiaini al giorno di olio di semi di lino sono sufficienti, ma se faticaste a reperirlo nel banco frigo potete sostituirlo con semi di chia o di lino macinati, oppure con le noci.

Tenete a mente la seguente equivalenza: 1 cucchiaino di olio di semi di lino = 3 cucchiaini di semi di lino = 1 cucchiaio di semi di chia = 30 grammi di noci.

- **Non dimenticatevi del calcio.**

È un nutriente al quale porre attenzione in una dieta vegana. Oltre a favorire il consumo delle verdure che ne sono ricche, preferite latti e yogurt vegetali addizionati, prevedete di consumare quotidianamente del sesamo o delle mandorle (e i loro rispettivi burri) e approfittate del contributo di soia, tofu e tempeh, se vi piacciono. Anche l'acqua può essere una fonte di calcio di tutto rispetto, senza intervenire sul bilancio energetico.

- **Ricordatevi di integrare correttamente la vitamina B12.**

Una dose sublinguale bisettimanale da 1000 mcg, oppure quotidiana da 50 mcg, vi permetterà di mantenere livelli plasmatici adeguati di questa vitamina.

Tutto qui? Tutto qui!

E se vi sembra facile in teoria, sappiate che nella pratica lo è ancora di più.

Ho pensato per voi quattro esempi da cui trarre ispirazione, che possono esservi utili soprattutto all'inizio. Ma in breve sono sicura che imparerete a pianificare in autonomia la vostra giornata tipo.

I menu giornalieri che troverete nelle prossime pagine apportano circa 2000 kcal, e li ho pensati per quattro diverse tipologie di persone.

Quale tra questi fa più al caso vostro?

MENU PER LO STUDENTE
UNIVERSITARIO FUORI SEDE

Il suo budget settimanale per la spesa è parecchio risicato. La microscopica cucina, che condivide con altri tre coinquilini, ha a disposizione solo due padelle, una pentola e un frullatore. Ha poco tempo da dedicare alla preparazione dei pasti perché deve studiare e frequentare le lezioni, quindi non riesce a cucinare i cereali in chicco: dovrebbe allora mangiarli in fiocchi o soffiati almeno a colazione, per variare un po'. Pranzando in aula studio, si porterà da casa qualcosa di semplice e veloce. Gli spuntini, necessari per mantenere adeguati livelli di attenzione lungo tutto l'arco della giornata, potranno essere costituiti da frutta, cracker e frutta secca. Non avendo trovato l'olio di semi di lino, punterà sui semi e sulle noci per un adeguato apporto di acidi grassi omega-3.

Colazione

Latte di soia (200 ml) con tre cucchiaini di semi di lino macinati (10 g), mezza mela a cubetti (75 g), due cucchiai di uvetta (30 g) e tre cucchiai di fiocchi di avena (30 g) + una fetta di pane integrale (60 g) con tahina (crema di sesamo al cento per cento, 10 g) e un velo di marmellata

Spuntino

Cracker integrali (30 g)

Pranzo

Pasta integrale di farro (90 g) con pomodorini e rucola (olio extravergine di oliva: un cucchiaino) + caponata amorevolmente cucinata dalla mamma, spedita con il pacco "da giù" e surgelata in singole porzioni (olio extravergine di oliva: un cucchiaino)

Spuntino

Noci (30 g) + due kiwi (150 g)

Cena

90 g di friselle integrali con pomodorini e hummus di ceci (160 g di ceci pesati cotti) con tahina (10 g), aglio, limone e cumino + insalata verde con carote julienne (olio extravergine di oliva: due cucchiaini)

MENU PER LA GIOVANE COPPIA
APPASSIONATA DI CUCINA GOURMET

Dopo aver visto diversi documentari su Netflix, sono giunti alla conclusione che sia la cosa giusta da fare. Sono però delle buone forchette e temono che escludendo i derivati animali dalla propria alimentazione ne perderanno in quanto a gusto.

Lavorano entrambi da casa come freelance e hanno una cucina ben attrezzata. Pubblicano con costanza su Instagram le foto dei loro piatti e amano ricevere i complimenti degli amici.

Avendo un po' di tempo da dedicare alla spesa e alla preparazione dei pasti, i risultati che ottengono possono essere strabilianti. In una sola giornata compaiono cinque tipi diversi di cereali. Il sapore dell'olio di semi di lino, scelto insieme ai semi di chia come fonte di acidi grassi omega-3, si sposa perfettamente con i pesti di frutta secca ed erbe aromatiche. Gli alimenti vegetali ricchi di proteine sono previsti a pranzo (una porzione) e a cena (due porzioni).

Colazione

Budino di semi di chia macinati (15 g) preparato con latte
di avena addizionato con calcio (200 ml) e lamponi
(75 g) + pane di segale tostato (60 g) con burro
di mandorle (10 g) e fragole (75 g) tagliate a metà

Pranzo

Miglio (90 g) con fave fresche sbollentate e sgusciate
(80 g, pesate cotte) al pesto di pinoli (20 g) e menta
(olio di semi di lino: un cucchiaino; olio extravergine di
oliva: un cucchiaino) + insalata di cicorino, mela a cubetti
(150 g) e fichi secchi (15 g) condita con salsina fatta
emulsionando tahina (15 g) e limone + una fetta di pane
di grano duro a lievitazione naturale (30 g)

Cena

Spaghetti di grano saraceno (90 g) conditi con crema
di tofu (160 g), olive nere e pomodori secchi + insalata
arcobaleno con barbabietola, sedano, carote e finocchio
a cubetti (olio extravergine di oliva: un cucchiaino)

MENU PER L'AMANTE
DELLA TRADIZIONE

Il catalizzatore del cambiamento è stato suo nipote, studente universitario "convertito" da poco. Al solo sentir nominare il tofu inorridisce, a tal punto che potrebbe tornare sui suoi passi. È in pensione, ha tempo di cuocere i legumi secchi e di fare la spesa direttamente dal contadino. Non ama i latti e gli yogurt vegetali o i derivati della soia, ma può comunque contare sulle verdure e sulla frutta secca per un apporto sufficiente di calcio. Una minima varietà del cereale è garantita dalla scelta di una pasta a base di un cereale diverso dal frumento (il farro, oggi facilmente reperibile in qualsiasi supermercato) e dal pane di segale. Le noci e l'olio di semi di lino apportano acidi grassi omega-3. Le porzioni di alimenti proteici vegetali sono rappresentate dai legumi sia a pranzo sia a cena (una porzione e mezza + una porzione e mezza), come vuole la cucina povera tipica della nostra penisola.

Colazione

Quattro fette biscottate integrali (30 g) con burro di nocciole (10 g) + una fetta di pane di segale (30 g) con un velo di marmellata + una spremuta di arancia (225 ml) e una manciata di mandorle (20 g)

Spuntino

Una piccola fetta di pane integrale (30 g) con un cucchiaino di olio di semi di lino e una spolverata di origano

Pranzo

Pasta di farro integrale (90 g) con broccoli saltati al peperoncino (olio extravergine di oliva: un cucchiaino) + fagioli all'uccelletto (45 g da secchi) in salsa di pomodoro

Spuntino

Una pera (150 g) + un pacchetto di cracker (30 g)

Cena

Risotto (60 g) ai carciofi (olio extravergine di oliva: un cucchiaino) + purè di fave secche (45 g) con cime di rapa ripassate in padella (olio extravergine di oliva: un cucchiaino) + una fetta di pane integrale (30 g)

Dopo cena

Noci (30 g)

MENU PER LA LAVORATRICE
METROPOLITANA

Fa colazione a casa ma pranza sempre fuori, nei ristoranti vicino all'ufficio. Nessuno di questi prevede opzioni vegane. Torna tardi dal lavoro e non ha né il tempo né la voglia di imbastire una cena elaborata, e per questo motivo si affida alle verdure surgelate e al suo potente robot da cucina.

Dal momento che tre pasti su cinque vengono fatti fuori da casa, a colazione e a cena dovrà prestare una maggiore attenzione alla varietà degli alimenti e all'inclusione di quelli ricchi di omega-3. Un pranzo a base di cereali e verdure si può imbastire in qualsiasi ristorante, anche non specializzato in alimentazione vegana. Non è un problema se nei pasti che consuma fuori casa non sono presenti alimenti vegetali ricchi di proteine, dal momento che questi vengono consumati comunque a colazione (una porzione) e a cena (due porzioni). La frutta secca e la frutta essiccata sono uno snack pratico da tenere in ufficio.

Colazione

Yogurt di soia addizionato di calcio (125 g) con 30 g di grano saraceno in fiocchi, banana a fettine (150 g), cannella e semi di lino macinati (10 g) + caffè + pane integrale (60 g) con tahina (10 g) e marmellata

Spuntino

Fichi secchi (15 g) + mandorle (10 g)

Pranzo

Pizza al pomodoro con rucola e funghi (olio extravergine di oliva: un cucchiaino)

Spuntino

due prugne (150 g)

Cena

Vellutata di zucca e lenticchie rosse (60 g) con orzo (60 g) al profumo di timo fresco condita a crudo con un cucchiaino di olio di semi di lino + cicoria surgelata ripassata in padella con aglio e peperoncino (olio extravergine di oliva: un cucchiaino) + una fetta di pane integrale (30 g)

Dopo cena

Nocciole (30 g)

Vi siete riconosciuti in uno o più di questi ritratti?

Come avete potuto constatare, mangiare vegetale è molto semplice: non sarete costretti a perdere ore in cucina, né a rinunciare ai piaceri della tavola. È sufficiente un minimo di organizzazione iniziale prima di prendere il via, poi proseguirete in automatico. Proprio come quando si impara una nuova lingua: nei primi tempi se ne studia la grammatica, poi la si inizia a parlare per perfezionarla direttamente sul campo; all'inizio il vostro accento non sarà impeccabile e ripeterete le poche frasi che conoscete a memoria, ma più farete pratica e più migliorerete.

Nel passaggio verso un'alimentazione vegana il meccanismo è più o meno lo stesso. Una volta apprese le nozioni di base (la grammatica), ed esservi impratichiti con le prime ricette, inizierete a lanciarvi e a sperimentare le vostre personali variazioni. Potete prendere i vostri piatti preferiti e riproporli in chiave completamente vegetale, replicare le creazioni che i numerosi foodblogger vegani postano sui social network, oppure comprare uno o più libri di ricette.

Tempo qualche settimana, e sarete dei vegani madrelingua!

Mangiare vegetale, vario e bilanciato
vi verrà tanto naturale quanto parlare,
senza più bisogno di tornare sui libri.

A meno che non diventiate genitori: in questo caso
è bene che abbiate qualche informazione in più.

Ve ne parlo nel prossimo capitolo.

CAPITOLO 4

È facile diventare vegano...

Se sai nutrire il tuo bambino

«I bambini devono mangiare un po' di tutto!»

In quanto genitori vegani, prima o poi vi vedrete sollevare questa obiezione e verrete accusati di aver preso questa irresponsabile decisione alle spalle del vostro ignaro figlioletto. Per riuscire a far ragionare il vostro interlocutore, potreste innanzitutto puntualizzare come numerose società scientifiche abbiano da tempo stabilito che un'alimentazione vegana correttamente pianificata sia perfettamente adatta anche ai bambini in crescita, così come alle donne in gravidanza e allattamento.[1-5]

Nonostante l'assenza di alimenti di origine animale, non si sta infatti togliendo alcun nutriente dalla dieta del bambino, ma glieli si sta semplicemente offrendo attraverso cereali, legumi, frutta secca, semi, verdure e frutta (a parte, ovviamente, andrà integrata la vitamina B12).

Anche quando lo avrete rassicurato riguardo a ciò, potrebbe restare comunque perplesso: concluderà dicendovi che quella di essere vegano, in fondo, è una decisione che avete preso per conto di vostro figlio, che si troverà a seguire il vostro tipo di alimentazione senza avere avuto voce in capitolo. Se riuscirete a proseguire in questa spinosa conversazione senza perdere la calma, puntualizzate che questo è esattamente quello che fanno tutti i genitori: fanno la spesa, riempiono il frigo e preparano i pasti e le merende per i propri figli.

Almeno fino a che non dispone di soldi propri da spendere in viveri di suo gradimento, nessun bambino sceglie in autonomia che cosa mangiare: questo è un compito che spetta agli adulti.

Gli adulti, dal canto loro, risultano spesso impreparati a gestire nel modo giusto questa responsabilità: a giudicare dai dati disponibili, infatti, un bambino su tre nel nostro Paese è affetto da sovrappeso o obesità.[6] E non di certo per colpa sua.

> Qualsiasi sia il tipo di alimentazione seguito in famiglia, se si hanno dei figli è necessario essere consapevoli di come nutrirli al meglio.

State tranquilli che, in qualità di genitori vegani, non vi toccherà studiare tanto più degli altri: un'alimentazione che preveda quotidianamente frutta, verdure, cereali integrali, frutta secca e semi oleosi e che incoraggi il consumo di legumi come fonte proteica prevalente sulle altre è raccomandata in ogni caso a tutti i bambini, anche ai non vegani.[7]

Quando è bene cominciare a preoccuparsi che il proprio figlio segua un'alimentazione ottimale?

Potrebbe venirvi istintivo pensare che lo si faccia con l'introduzione dei primi cibi solidi, intorno ai sei mesi. E invece no: il momento giusto è già all'inizio della gravidanza.

GRAVIDANZA VEGANA? SÌ, GRAZIE!

La gravidanza mette tutte le donne davanti alla medesima sfida: nelle poche calorie in più a disposizione (ebbene sì, non è affatto il caso di mangiare il doppio rispetto a prima) devono riuscire a soddisfare fabbisogni notevolmente aumentati di tutti i nutrienti, in modo particolare di proteine, ferro e calcio. E tutto ciò dovrebbe avvenire esponendo il meno possibile il nascituro a sostanze potenzialmente dannose per il suo sviluppo. Non sarebbe male, inoltre, riprogrammare attraverso l'alimentazione la flora intestinale materna, così che durante il passaggio del bambino nel canale del parto la mamma possa fare il primo utile regalo al proprio figlio: un ottimale corredo di batteri.

Ah, e magari ridurre anche il rischio di incorrere nel temuto diabete gestazionale.

Mission impossibile? Tutt'altro, se la mamma segue un'alimentazione vegetale.

Si può stare innanzitutto sicuri che, a ogni boccone, la futura mamma vegana introdurrà la minor quantità possibile di sostanze pericolose per il feto. Sono infatti gli animali, mediante un processo chiamato biomagnificazione, a concentrare nei propri tessuti metalli pesanti, inquinanti ambientali e pesticidi.[8] Anche se non si potesse investire il budget settimanale per la spesa in prodotti da agricoltura biologica, quindi, un'alimentazione vegana in gravidanza sarebbe la scelta più sicura da fare.

Le fibre, presenti soltanto nei vegetali, alleviano i disturbi digestivi tipici della gravidanza, velocizzando il transito intestinale e costituendo al contempo un nutrimento ideale per i batteri ad azione benefica che abitano l'intestino, in modo che questi si moltiplichino e prevalgano sugli altri.[9]

Le donne che seguono un'alimentazione a base vegetale durante la gravidanza, inoltre, sono più protette nei confronti del possibile sviluppo di complicanze come il diabete gestazionale, l'eccessivo aumento di peso e la preeclampsia.

Una dieta ricca di vegetali e di antiossidanti (e non ne esiste, per forza di cose, una più ricca di quella vegana!) abbassa il rischio del nascituro di sviluppare in futuro alcune patologie pediatriche come i difetti del tubo neurale, il diabete, il broncospasmo e alcuni tipi di tumore.[10]

E la B12? Premesso che è una vitamina i cui livelli andrebbero verificati in tutte le donne all'inizio della gravidanza, perché anche una dieta che includa derivati animali può esserne carente,[11] se una donna vegana ha – come c'è da augurarsi – iniziato a integrare questa vitamina correttamente già da prima del concepimento potrà continuare ad assumere il dosaggio di mantenimento.

Se ci fosse invece bisogno di aumentarne i livelli, potrà provvedere con un breve periodo di dose di attacco.[12] Proprio per la certezza a priori di doverla supplementare attraverso un integratore, a voler ben vedere, le mamme vegane sono le più avvantaggiate per quanto riguarda la certezza di conservare uno stato ottimale di vitamina B12 durante la gravidanza. Le donne non vegane, di contro, potrebbero non verificarne i livelli o credere che il blando dosaggio presente nei più comuni multivitaminici sia sufficiente a coprirne il fabbisogno, senza trasmetterne però poi in quantità sufficienti al proprio bambino.[13]

ALTRI SUPPLEMENTI

Le mamme vegane non sono le uniche a doversi sottoporre all'integrazione precauzionale di alcuni nutrienti. Un supplemento da 400 mcg di acido folico dai tre mesi prima fino ai tre mesi dopo il concepimento e uno da 200 mg di DHA, da proseguire anche in corso di allattamento al seno, sono raccomandati a tutte le donne in dolce attesa.

La prevenzione del rachitismo infantile, infine, inizia con il mantenimento di livelli materni ottimali di vitamina D.

Certo non è la gravidanza il momento ideale nel quale provvedere a colmare con dosi elevate una eventuale carenza pre-concezionale, ma se ce ne fosse necessità una dose giornaliera fino a 4000 UI è considerata sicura.

Vediamo ora come organizzare i vostri pasti così da non far mancare nulla al bambino.

Anche a questo proposito esistono dettagliate linee guida rivolte alle donne in gravidanza che seguono un'alimentazione cento per cento vegetale,[14] ma mi rendo conto che in questi nove mesi potrebbe essere difficile rispettare alla lettera un piano alimentare rigido a causa delle nausee, degli attacchi di fame improvvisi o, al contrario, di un senso di sazietà precoce.

Lasciate che, oltre al vostro appetito, a guidarvi siano le prossime semplici regole, che andranno ad aggiungersi a quelle che avevate già imparato nel capitolo ...*Se sai organizzare i tuoi pasti*.

- **Vi servirà una notevole quantità di proteine** per creare dal nulla un nuovo essere vivente. Nel secondo e nel terzo trimestre di gravidanza, aumentate le porzioni di cibi vegetali ricchi di proteine (fino ad arrivare a cinque *servings* al giorno), frutta secca e semi oleosi (non meno di 60-90 grammi al giorno) e di cereali rispetto a quelle che introducevate abitualmente.
- **L'assunzione di calcio diventa critica**, sia perché il fabbisogno è notevolmente aumentato sia perché, man mano che il volume dell'utero au-

menta, quello gastrico diminuisce e con esso la possibilità di introdurre grandi quantità di cibo. Scegliete quindi gli alimenti da consumare non solo in funzione del contenuto di proteine, ma anche di quello di calcio. Un esempio? I derivati della soia, che soddisfano entrambe queste caratteristiche. Tofu, latte e yogurt di soia inoltre, non contenendo fibre, sono l'ideale per nutrirsi senza riempire lo stomaco in modo eccessivo.

- **Il ferro è un minerale al quale prestare molta attenzione in gravidanza.** Le vostre scelte all'interno dei diversi gruppi alimentari dovrebbero essere orientate ad assumerne la maggiore quantità possibile. Per esempio, cereali meno noti come grano saraceno o miglio contengono più ferro dei comuni riso o frumento. Le verdure verdi in foglia battono tutte le altre in quanto a ferro, così come i semi ne apportano in media più della frutta secca. Approfittate poi del contenuto di ferro delle erbe aromatiche (soprattutto del timo), del lievito alimentare e del germe di grano. Qualche goccia di limone nell'acqua che bevete durante il pasto ne favorirà infine l'assorbimento.

Ora che avete visto quanto è semplice ottimizzare al massimo l'apporto di nutrienti grazie a un'attenta scelta degli alimenti, provate a rispondere alla seguente domanda: che cosa sarebbe più vantaggioso scegliere, nel caso siate in gravidanza?

1) Un piatto di pasta di grano duro con pomodorini, noci e lenticchie;

2) Del sorgo con tofu affumicato saltato in padella, semi di sesamo e rucola.

Se avete scelto la prima opzione, rileggete il paragrafo precedente.

Se avete risposto correttamente, invece, ecco come ricompensa un menu giornaliero per il terzo trimestre di gravidanza, dal quale potrete trarre ispirazione. È il periodo della gravidanza che presenta i maggiori fabbisogni di nutrienti ed energia, quindi una volta che avrete capito come funziona potrete agevolmente adattare il menu anche ai trimestri precedenti.

MENU PER LA GRAVIDANZA [III TRIMESTRE]

Colazione

Uno yogurt di soia arricchito con calcio (125 g) con fiocchi di avena (45 g), albicocche secche (30 g), nocciole (15 g) e un cucchiaio di germe di grano

Spuntino

Una fetta di pane integrale (60 g) con burro di arachidi (15 g) e banana a fettine (75 g)

Pranzo

Penne di grano saraceno (90 g) al pesto di rucola, pomodori secchi e noci (15 g) + hummus di ceci (120 g, pesati cotti) e tahina (15 g) nel quale intingere bastoncini di verdure + una fetta (30 g) di pane integrale (olio extravergine di oliva: un cucchiaino; olio di semi di lino: 1 cucchiaino)

Spuntino

Frullato con fragole (150 g), latte di soia arricchito con calcio (200 ml) e un cucchiaio (15 g) di burro di mandorle

Cena

Migliotto (90 g) con lenticchie rosse (45 g, peso a secco) e zucca + spinaci saltati in padella con pinoli (15 g) (olio extravergine di oliva: un cucchiaino; olio di semi di lino: un cucchiaino)

Dopo cena

Popcorn (30 g) con una spolverata di lievito alimentare

DIETA VEGANA
E ALLATTAMENTO

Così come una dieta vegana ben pianificata può essere seguita senza alcuna controindicaziona durante la gravidanza, lo stesso vale per il periodo dell'allattamento.[1,2]

Nonostante le ore di sonno ridotte, la vostra routine sconvolta e il poco tempo da dedicare alla spesa e alla preparazione dei pasti, è bene che prestiate alla vostra alimentazione quel minimo di attenzione necessaria così da essere sicure di soddisfare tutti i fabbisogni nutrizionali di questo particolare periodo della vita. Allattare richiede energia, e il vostro corpo ve lo segnalerà forte e chiaro: avrete fame come mai prima d'ora.

Le calorie extra che introdurrete, però, non dovrebbero provenire da quel pacco di biscotti che vi siete finite mentre il vostro bambino (finalmente) dormiva, ma da porzioni aggiuntive di cibi vegetali come legumi o derivati della soia, frutta secca, semi oleosi, frutta e cereali.[14]

Se nei nove mesi di gravidanza, con tutto il tempo del mondo a vostra disposizione, eravate riuscite a seguire un'alimentazione vegetale varia e impeccabile, vi consiglio di abbassare ora le vostre aspettative: sarà già un successo, con un neonato da accudire, avere il tempo di aprirvi un vasetto di legumi pronti e sedervi per il tempo necessario a mangiarlo.

> Siate indulgenti con voi stesse se non riuscirete a variare la vostra alimentazione come un tempo, ma puntate piuttosto sull'assunzione quotidiana di una sufficiente quantità di energia proveniente da tutti i gruppi alimentari nelle giuste proporzioni.

Portatevi avanti cucinando grandi quantità di verdure tutte in una volta, così da averle sempre pronte: vi basterà aggiungere i legumi già cotti (come quelli in vetro, per esempio) e una generosa quantità di quei cereali che richiedono una cottura breve per avere un pasto completo e adatto a una donna che allatta.

Approfittate della frutta (sia fresca sia essiccata), del pane integrale e della frutta secca, dei semi e dei loro burri come cibi nutrienti e di pronto consumo per i vostri spuntini.

Se, grazie a una corretta integrazione, avrete conservato dei buoni livelli di vitamina B12 durante la gravidanza, continuate ad assumerla a un dosaggio di mantenimento.[12] A tutte le donne che allattano al seno, indipendentemente dal loro tipo di alimentazione, è infine raccomandata l'assunzione quotidiana di 200 mg di DHA.

Prima di farvi vedere un menu di esempio per l'allattamento nel quale si potrebbe, virtualmente, non accendere quasi i fornelli, devo però fare un'importantissima precisazione: nonostante vengano chiamati comunemente *latti*, le bevande vegetali non sono assolutamente adatte a sostituire il latte materno nel caso la mamma non possa allattare al seno. Si tratta infatti di liquidi con una insufficiente quantità di proteine, zuccheri, grassi e minerali che sono ben lontani dall'eguagliare la completezza e la ricchezza nutrizionale del latte materno. Le mamme vegane che non allattano al seno, quindi, devono ricorrere necessariamente ai latti di formula a base di proteine vegetali (del riso o della soia) che, proprio come i latti di formula a base di proteine del latte vaccino, devono per legge rispettare una determinata composizione nutrizionale.[15]

MENU PER LA MAMMA CHE ALLATTA

Colazione

Overnight oatmeal con latte di riso addizionato di calcio (200 ml), fiocchi di avena (45 g) semi di chia macinati (15 g), fragole (75 g) e pesche (75 g)

Spuntino

Una manciata di mandorle (30 g) e un pacchetto di cracker integrali (30 g)

Pranzo

Insalata di pomodori, cipolle e fagioli borlotti (160 g, peso a cotto) con pane integrale di farro (90 g) (olio extravergine di oliva: un cucchiaino; olio di semi di lino: un cucchiaino)

Spuntino

Pane integrale di segale (60 g) con paté di tofu (80 g) e pomodori secchi + due prugne (150 g)

Cena

Pasta integrale di kamut (90 g) con ragù di pomodoro e lenticchie rosse (45 g, peso a secco) e una spolverata di nocciole tritate (15 g) + insalata di rucola con fichi secchi (30 g) e noci (30 g)
(olio extravergine di oliva: un cucchiaino; olio di semi di lino: un cucchiaino)

LO SVEZZAMENTO VEGANO

È possibile per un bambino seguire un'alimentazione completamente vegetale sin dallo svezzamento? La scienza, quella vera e ben lontana dal clamore sollevato dai media ogni qualvolta si tocca questo argomento, dà una risposta affermativa.[1-5]

I genitori, dal canto loro, devono sapere però come soddisfare i fabbisogni del proprio bambino in questa delicata fascia di età (che va indicativamente dai sei ai dodici mesi) attraverso una varietà di alimenti di origine vegetale e, ovviamente, integrare la vitamina B12 nel momento in cui tali cibi solidi iniziano a sostituirsi del tutto o in parte al latte materno.[12,15]

Le elevate richieste nutrizionali dei bambini durante lo svezzamento devono fare i conti sia con il loro piccolo stomaco dalla capienza limitata, sia con il fatto che gli alimenti di origine vegetale, per definizione, contengono fibre. Queste, oltre a favorire un senso di sazietà precoce (eventualità da scongiurare in una fase di rapida crescita), possono ostacolare l'assorbimento di grassi, proteine e minerali.

Come poter soddisfare quindi i fabbisogni nutrizionali di un bambino di questa età con un'alimentazione vegana? È facile!

Vediamo insieme tutto quello che un genitore vegano dovrebbe sapere per poter svezzare in tutta sicurezza il proprio bambino.[12,16]

- Sebbene siano alimenti preziosissimi per un adulto, non esagerate con la somministrazione di frutta e verdura a un bambino così piccolo: sono alimenti caratterizzati da un basso potere calorico e da un elevato contenuto di fibra. Proponete inizialmente la verdura sotto forma di brodo vegetale, nel quale stemperare le farine per l'infanzia. Dopo qualche tempo, aggiungete a ogni pappa uno o due cucchiai da minestra al massimo di verdure passate. Se il vostro bambino mostra di preferire consistenze più solide e "da grandi", fate sì comunque che la verdura non costituisca più di un quinto del piatto che gli andrete a offrire.
  La frutta, da sola, non può mai sostituire un pasto di latte (materno o formulato). Proponetene degli assaggi nel corso della giornata, o arricchitene il valore nutrizionale associandola a yogurt di soia o burri di semi e frutta secca.
- Un pasto completo prevede che siano sempre presenti carboidrati complessi a fornire energia a lento rilascio, e questo vale anche per i bambini in svezzamento. Evitate per i primi mesi di

alimentazione solida del vostro bambino i cereali integrali, preferendo quelli raffinati, che hanno meno fibra. Iniziate dai cereali senza glutine (riso, mais, miglio) per poi introdurre anche quelli contenenti glutine (semolino, farro). Le farine per l'infanzia sono comode e pratiche, ma verificate che non contengano più del quattro per cento di fibre. Quando aumenterete la consistenza delle pappe, potrete utilizzare pastine di vario formato e a base di diversi cereali o, se il vostro bambino la preferisce, anche la pasta "dei grandi", ma sempre non integrale.

- Il gruppo alimentare dei cibi proteici vegetali (legumi e derivati della soia) sarà fondamentale per l'apporto di ferro, proteine e zinco. Preferite la variante decorticata dei legumi, oppure passate o sbucciate manualmente quelli che andrete a mettere nella pappa. Il tofu è un'ottima fonte di proteine e minerali, ed è già naturalmente privo di fibre.

- La frutta secca e i semi oleosi sono di fondamentale importanza per un bambino vegano. In poco volume, infatti, forniscono un'elevata quantità di energia e di minerali. Aggiungetene un cucchiaino (sotto forma di crema) a ogni pappa e nello yogurt di soia che offrirete, a svezzamento avviato, in associazione o in sostituzione del pasto di latte di metà pomeriggio.

- Dai grassi i bambini ricavano sia energia per crescere sia elementi strutturali per il loro sistema nervoso in formazione. Condite ogni pappa con un cucchiaino di olio extravergine di oliva e uno di olio di semi di lino per garantire un corretto apporto di acidi grassi omega-3.
- Il latte materno (o in sua assenza quello formulato) continuerà ancora per molto tempo a fornire una quota notevole dell'energia e dei nutrienti di cui ha bisogno un bambino.
- Integrate la vitamina B12 (in gocce!) nel bambino con l'inizio dello svezzamento. Andrà ad aggiungersi all'integrazione di vitamina D e di DHA, raccomandata comunque a tutti i bambini.

Se vi sembra complicato in teoria, nella pratica diventa invece un gioco da ragazzi.

Vediamo un esempio di una giornata-tipo di un bambino vegano di nove mesi. Le quantità riportate sono puramente indicative, sarà il vostro bambino a decidere se avanzarne o farvi capire di volerne ancora, così che la volta successiva vi possiate regolare di conseguenza.

MENU PER LO SVEZZAMENTO DI UN BAMBINO DI 9 MESI

Colazione

Latte materno a richiesta (oppure latte formulato) + un assaggio di banana schiacciata con una punta di burro di arachidi

Spuntino

Latte materno a richiesta (oppure latte formulato)

Pranzo

Stelline di farro (due cucchiai) cotte in brodo vegetale condite con crema di ceci (45 g, pesati a cotto e sbucciati), un cucchiaio di zucchine schiacciate e un cucchiaino di tahina (olio extravergine di oliva: un cucchiaino; olio di semi di lino: un cucchiaino) + latte materno a richiesta

Spuntino

Yogurt di soia bianco (125 g) con un cucchiaino di crema di nocciole e un po' di pesca grattugiata + latte materno a richiesta

Cena

Crema di riso (due cucchiai) in brodo vegetale (200 ml) con lenticchie rosse decorticate (45 g, pesate a cotto), un cucchiaino di crema di mandorle e un cucchiaio di carote passate (olio extravergine di oliva: un cucchiaino; olio di semi di lino: un cucchiaino)

Dopo cena

Latte materno a richiesta (oppure latte formulato)

PICCOLI VEGANI CRESCONO

Dopo aver cresciuto un sano e vivace bambino vegano sin dal concepimento, non c'è alcun motivo al mondo per il quale dovreste invertire la rotta una volta che sarà svezzato.

Proseguire con un'alimentazione basata su alimenti vegetali porterà infatti notevoli vantaggi a vostro figlio, come un maggiore apporto di sostanze antinfiammatorie e la protezione dal rischio di sviluppare, in futuro, sovrappeso o obesità.[16,17]

Ben lontana quindi dal causare alcun problema di salute quando ben pianificata, l'alimentazione vegetale nell'infanzia viene però spesso criticata per i suoi possibili risvolti negativi a livello sociale.

I genitori vegani vengono dipinti come inflessibili e severi cerberi, pronti a legare dietro la schiena le mani dei malcapitati figli purché non assaggino per errore una fetta di torta con burro e uova durante la festa di compleanno di un compagno di scuola. La maggior parte di loro, nella realtà, non aderisce affatto a questo stereotipo.

Mantenere una linea morbida e indulgente nei confronti dei legittimi sprazzi di curiosità che il vostro bambino potrebbe manifestare nei confronti di alimenti che a casa non vede, a maggior ragione se sono proprio i suoi pari a mangiarglieli sotto al naso, potrebbe garantire che, nel lungo termine, aderisca più volentieri a questa scelta alimentare.

Restate fermi sul fatto che, dentro le mura domestiche, si mangerà sempre allo stesso modo fintanto che sarete voi a fare la spesa e a provvedere alla preparazione dei pasti. Fornite le vostre motivazioni con un linguaggio adatto all'età di vostro figlio, senza che la questione diventi però un quotidiano argomento di conversazione. L'esempio che darete silenziosamente conterà più di mille parole.

E se a preoccuparvi è l'idea che, in quanto vegano, il vostro bambino non possa godere di torte in pasta di zucchero il giorno del suo compleanno o di soffici gelati in estate, sappiate che siete completamente fuori strada!

Le alternative vegetali alle leccornie preferite dai più piccoli sono ormai diffusissime nel nostro Paese e, seppur non ne sia certo consigliato un consumo superiore a una volta a settimana, approfittatene di tanto in tanto per dimostrargli che, anche da vegano, potrà gustare una golosa merenda del tutto simile a quella del suo migliore amico.

Se preferite cimentarvi in dolci fatti in casa, invece, sappiate che non è così difficile farlo senza utilizzare derivati animali. Ogni uovo richiesto dalla ricetta può essere sostituito da un cucchiaio di semi di lino o di chia macinati, mentre si può omettere il burro in favore dell'olio di semi.

Ora che abbiamo visto con che spirito affrontare le eccezioni, veniamo alla quotidianità.

Quali sono i fondamenti da conoscere per pianificare l'alimentazione del vostro bambino vegano in fase di crescita?

• **Nei bambini il bilancio calorico deve essere positivo**, vale a dire che l'energia assunta a fine giornata deve essere superiore a quella spesa per muoversi e svolgere le funzioni vitali. Mentre questo farebbe ingrassare un adulto, in un bambino garantisce che l'energia in surplus venga utilizzata per crescere. La frutta secca e i semi oleosi sono un valido aiuto per fornire calorie concentrate sotto forma di acidi grassi essenziali: non trascurate questo gruppo alimentare e siate leggermente più generosi con i condimenti (olio extravergine di oliva) di quanto non lo sareste con voi.

• **Un bambino ha bisogno, per chilo di peso, di più proteine** rispetto a quelle necessarie a un adulto. Garantite da una a tre porzioni (a seconda dell'età) di alimenti vegetali ricchi di proteine, distribuite nel corso della giornata.

• **È durante gli anni della crescita che il calcio si deposita nelle ossa.** Offrite ogni giorno alimenti vegetali che lo contengono, come le bevande e gli yogurt arricchiti, il sesamo, le mandorle, le verdure verdi in foglia o della famiglia delle crucifere e i derivati della soia.

Per i più schizzinosi, anche se non è un'alternativa molto ecologica, esistono in commercio delle acque minerali particolarmente ricche di calcio (più di 350 mg/L).

• **Compiuti i due anni, via libera ai cereali integrali.** Non c'è più pericolo, se il bambino mangia in modo vario, che un eccesso di fibre ne comprometta la crescita.

• **Per garantire un corretto apporto di acidi gras-**

si omega-3, condite i piatti dei bambini con due cucchiaini al giorno di olio di semi di lino.

- **La vitamina B12 va integrata.** Oltre alle formulazioni in gocce per i più piccini, questa vitamina è disponibile anche sotto forma di tavolette al gusto di frutta da sciogliere sotto la lingua per i più grandicelli.

Sono sicura che, se siete arrivati a leggere fin qui, sareste in grado di stilare un menu per un bambino vegano in totale autonomia, ma ve ne propongo comunque uno di esempio. Potrebbe tornarvi utile!

MENU PER UN BAMBINO DI 5 ANNI

Colazione

Latte di avena addizionato di calcio (200 ml) con un cucchiaino di cacao in polvere + una fetta di pane integrale (45 g) con tahina (15 g) e marmellata

Spuntino

Una banana (150 g)

Pranzo

Risotto (60 g) con crema di broccoli e ceci (80 g, peso a cotto) + carote julienne (olio extravergine di oliva: un cucchiaino; olio di semi di lino: un cucchiaino)

Spuntino

Mirtilli (150 g)

Cena

Fusilli integrali di grano saraceno (60 g) con pesto di tofu (80 g), mandorle (30 g) e basilico + cavolo viola stufato in padella (olio extravergine di oliva: due cucchiaini; olio di semi di lino: un cucchiaino)

Avete ancora dei dubbi sull'alimentazione vegana in gravidanza, allattamento o nel bambino?

Per rispondere alle esigenze delle famiglie che seguono un'alimentazione vegetale, la Società Scientifica di Nutrizione Vegetariana ha creato la Rete Famiglia Veg (www.famigliaveg.it), un gruppo di professionisti (medici, pediatri e nutrizionisti) con elevate competenze in merito.

Nel sito web dedicato potete consultare la lista di professionisti sanitari affiliati, divisi per regione, e richiedere una loro consulenza.

CAPITOLO 5

È facile diventare vegano...

Se sai perché ti fa bene

Nei capitoli precedenti ci siamo approcciati alla dieta vegana in modo rigoroso, citando fonti bibliografiche affidabili, apparse solamente su riviste di settore indicizzate e *peer-reviewed*.

Ma adesso voglio descrivervi gli immensi benefici per la salute di questo genere di alimentazione, senza ricorrere alla scienza: tutto quello che dovete sapere è racchiuso in un libro scritto da un autore incompreso dalla invidiosa (e *korrotta da Big Pharma!!!*) medicina ufficiale. Non è nemmeno un medico, a dire il vero, ma non vi preoccupate: ha condotto comunque degli studi all'avanguardia. Certo, non sono mai stati pubblicati su alcuna rivista scientifica, ma il suo libro è diventato un bestseller internazionale. La sua tesi è chiara: la soluzione definitiva a tutte le malattie che affliggono l'uomo moderno, dai tumori all'alluce valgo, è racchiusa nella sola dieta a base vegetale. Aprite l'armadietto nel quale tenete i farmaci e buttateli nella spazzatura. Non vi serviranno più.

...

Non ci siete cascati, vero?

Era solo uno scherzo, volto a dimostrarvi come *non* affrontare l'argomento degli innumerevoli benefici di cui una dieta vegana è foriera. Nessuno vi prenderebbe sul serio, e fareste perdere al vostro interlocutore la fiducia in uno stile alimentare che è invece in grado di prevenire (e in alcuni casi, anche di curare) proprio quelle patologie cronico-degenerative che uccidono oltre quaranta milioni di persone all'anno.[1]

Una dieta vegana non vi renderà immortali, né diventerete degli *highlander* ai quali non verrà più nemmeno un raffreddore. Rientrerete però con più facilità in un peso normale, sarete meno a rischio di sviluppare diabete di tipo 2, malattie cardiovascolari e tumori, potrete normalizzare la pressione arteriosa, la glicemia e il colesterolo senza ricorrere ad alcun farmaco o, quantomeno, riducendo le dosi di quelli che già assumete. Mica male, eh?

Gli studi a supporto di queste affermazioni non vanno certo ricercati in un blog complottista nel deep web, bensì sulle più prestigiose riviste scientifiche.

Vi parlerò brevemente dei più rilevanti per ciascuna patologia, e vi raccomando di segnarvi da qualche parte i rispettivi riferimenti bibliografici. Ogni mia affermazione è puntualmente supportata da una solida letteratura scientifica che viene citata man mano, e non alla rinfusa al termine del capitolo, come potrebbe invece fare un autore poco onesto per dare un'aura di importanza e rigore al suo lavoro.

SOVRAPPESO E OBESITÀ

Perché si aumenta di peso? La risposta è sempre la medesima, da che esiste l'uomo sulla Terra.

Quando l'energia introdotta con gli alimenti supera quella bruciata nel corso della giornata, il surplus verrà accumulato sotto forma di tessuto adiposo. Semplice.

Gli alimenti di derivazione animale sono, per definizione, privi di fibre e ricchi di grassi (formaggi, salumi, affettati e carni rosse in particolare). Senza contribuire in modo significativo al nostro senso di sazietà, apportano molta (troppa) energia in poco volume, molta della quale già sotto forma di grasso che andrà ancora più facilmente ad aggiungersi ai nostri depositi.

Non è certo impossibile accumulare un eccesso di tessuto adiposo anche da vegani, ma è sicuramente più difficile. Dovreste proprio impegnarvi.

I vegetali infatti, grazie al loro basso apporto di grassi ed elevato contenuto di fibre, permettono di raggiungere un gradevole senso di sazietà prima che vengano introdotte troppe calorie.[2]

Dopo un pasto interamente vegetale, inoltre, vengono prodotti ormoni regolatori della sazietà in quantità superiore rispetto a un pasto a base di alimenti di origine animale con le medesime calorie.[3]

Non stupisce quindi che, quando vengono analizzate coorti di decine di migliaia di soggetti, i vegani risultino i più leggeri tra tutti.[4,5]

Credete che sia inevitabile, con il passare degli anni, guadagnare qualche chilo? Ricredetevi: chi opta per un'alimentazione vegetale, alla fine dei conti, prende meno peso degli altri.[6]

Se la ragione che vi ha spinto a passare a una dieta vegana è quella di dimagrire, ci riuscirete senza difficoltà e sarà più facile mantenere i risultati nel tempo.

Quando si mettono a confronto i risultati, in termini di perdita di peso, di una dieta dimagrante tradizionale rispetto a una dieta vegetale, quest'ultima ne esce di gran lunga vincitrice. Non solo i chili persi sono molti di più, ma anche una volta terminata la dieta le buone abitudini apprese vengono consolidate e mantenute, senza incorrere nel temuto effetto yo-yo.[2, 7-11]

DIABETE MELLITO DI TIPO 2

Il diabete mellito di tipo 2, con oltre quattrocento milioni di persone affette nel nostro Paese, è una vera e propria emergenza sanitaria.[12]

Potreste domandarvi come sia possibile che la dieta vegana, visto il suo elevato contenuto di carboidrati (tra cereali, frutta, legumi e verdure amidacee) possa non solo aiutare nella prevenzione,[13,14] ma addirittura far regredire questa condizione patologica alla lunga invalidante.

Il motivo è semplice. Il progressivo innalzamento della glicemia oltre i livelli di sicurezza non è dovuto in prima battuta a un consumo eccessivo di zuccheri attraverso l'alimentazione, bensì di grassi (in particolare quelli di tipo saturo che si trovano nei derivati animali). Quando le cellule sono piene di grasso, il glucosio non riesce a farsi strada attraverso le cellule e si accumula: ecco perché, agli esami del sangue, si riscontra poi una glicemia più alta del normale.

Nelle fasi iniziali del diabete viene prodotto un eccesso di insulina per provare a "spingere" comunque lo zucchero nelle cellule straripanti di lipidi. Se la causa a monte non viene risolta, però, la strada verso un'assunzione a vita di farmaci ipoglicemizzanti o addirittura di insulina è segnata.

Un'alimentazione vegana, basata per la maggior parte su cereali, legumi, frutta e verdura, è invece virtualmente priva di grassi.

Qualora non si ecceda con frutta secca, semi oleosi e oli da condimento è possibile, grazie a un'alimentazione completamente vegetale, svuotare letteralmente le proprie cellule dal grasso intracellulare e lasciare che lo zucchero, finalmente, possa entrarvi.[15,16]

Gli effetti sono evidenti dopo qualche settimana, ma bastano solo pochi giorni di dieta vegana corretta per iniziare a vedere già una riduzione della glicemia.[17-20]

Il diabete mellito di tipo 2, considerato una condizione cronica e irreversibile, può invece regredire completamente grazie a un'alimentazione vegetale a basso contenuto di grassi. Peccato però che la classica dieta che viene consegnata ai pazienti al momento della diagnosi, non escludendo gli alimenti di derivazione animale, non sarà mai ugualmente efficace nell'invertire il decorso della malattia o nel ridurre la necessità di ricorrere a farmaci.[21]

Nelle diete per diabetici, inoltre, viene solitamente raccomandato ai pazienti di ridurre le porzioni e controllare le calorie ingerite: questo approccio è spesso fallimentare, dal momento che i pazienti faticano ad aderire scrupolosamente a tali mortificanti indicazioni. Con un'alimentazione vegana senza grassi aggiunti, invece, si può mangiare a sazietà senza alcuna restrizione sulla quantità di cibo assunto, con risultati nel controllo del diabete nel lungo termine, peraltro, di gran lunga migliori.[22,23]

Oltre che agire direttamente sui depositi di lipidi intracellulari, e quindi sulla causa principale dell'insulino-resistenza, le diete vegane hanno per loro natura un basso indice glicemico, un elevato contenuto di vitamine e antiossidanti e scongiurano un eccessivo accumulo di ferro-eme: tutti fattori che contribuiscono a ridurre ulteriormente il rischio di sviluppare questa patologia.[24-26]

IPERTENSIONE ARTERIOSA

La pressione arteriosa, vale a dire la forza che il sangue esercita contro le pareti delle arterie, è il risultato di diverse variabili tra cui il volume dello stesso sangue, la sua densità e la rigidità offerta in risposta dai vasi sanguigni. Valori pressori elevati possono essere asintomatici per anni, ma causare silenziosamente danni irreversibili a cuore, reni e cervello.

Pensate (come tutti) che il progressivo aumento della pressione sia un'inevitabile conseguenza dell'invecchiamento? Non è così. È possibile mantenere per tutta la vita valori pressori invidiabili.

Come? Con una dieta a base di alimenti vegetali!

I vegani presentano valori di pressione arteriosa normali anche in età avanzata[27,28] e sono meno a rischio di dovere assumere anti-ipertensivi nel corso della loro vita.[29]

Un contenuto minimo di sodio ed elevato di potassio favoriscono l'eliminazione dei liquidi in eccesso, l'irrisorio apporto di grassi saturi rende il sangue meno viscoso[30] e il notevole apporto di fibre permette alle arterie di conservare la loro originale elasticità.[31]

Per tutti questi motivi una dieta vegetale si è dimostrata non solo uno strumento di prevenzione, ma anche un efficace mezzo terapeutico per ridurre la pressione senza l'aiuto di farmaci.[32]

IPERCOLESTEROLEMIA

Il colesterolo, al contrario delle vitamine, non è un nutriente essenziale: siamo perfettamente in grado di sintetizzarci da soli quel poco che serve. Il vero problema non è quindi disporne a sufficienza, ma evitare di introdurne in eccesso.

Quando i livelli di colesterolo nel sangue (in particolare del cosiddetto colesterolo "cattivo", LDL) sono troppo elevati, questo si deposita nelle pareti delle arterie e si organizza in placche aterosclerotiche che sono a loro volta causa di infarti e ictus.

Fatte queste premesse, quanto colesterolo vorreste assumere attraverso gli alimenti?

Il meno possibile, mi auguro. E perché non addirittura *zero?*

Una dieta vegana non ne contiene un solo milligrammo.

I vegani, non c'è da sorprendersi, presentano i livelli di colesterolo più bassi di tutti.[33]

Oltre a evitare che il colesterolo si accumuli nel sangue, una dieta completamente vegetale è anche un ottimo strumento per sbarazzarsi di eventuali eccessi in modo non farmacologico. Si è visto che bastano quattro settimane di dieta vegetale per vedere i propri livelli di colesterolo abbassarsi in modo significativo.[34,35] Come è possibile? Il fatto che una dieta completamente vegetale non apporti nemmeno l'ombra di colesterolo contribuisce sicuramente, ma c'è dell'altro.

Quando si evitano del tutto i derivati animali crolla notevolmente la quota di grassi saturi assunti, proprio quelli in grado di iper-stimolare la produzione di colesterolo da parte del fegato. Se questo non vi bastasse, sappiate anche che alcuni alimenti spesso presenti in una dieta vegana (come l'orzo, i semi di lino, l'avena e la soia) hanno un dimostrato potere ipocolesterolemizzante, mentre i preziosi antiossidanti di cui i vegetali sono ricchi evitano che il colesterolo LDL si danneggi e possa così più facilmente farsi strada all'interno dei vasi arteriosi.

CARDIOPATIA ISCHEMICA

«Esistono due categorie di cardiologi: i vegani e quelli che ancora non conoscono i dati.»

Questa freddura non è farina del mio sacco, ma del dottor Kim Williams, presidente fino al 2016 dell'American College of Cardiology e vegano dal 2013.

Esagerato? Non direi.

Nel mondo occidentale, Italia compresa, circa un decesso su tre avviene a causa di un infarto.

Voluminose placche di colesterolo sviluppatesi all'interno di una o più arterie coronarie ne restringono il diametro a tal punto che al cuore non arriva più una sufficiente quantità di ossigeno. E qui cominciano i guai.

Per evitare che il muscolo cardiaco vada in sofferenza o si fermi poi del tutto si deve intervenire dilatando le coronarie con dei microscopici palloncini e inserendovi dei piccoli tubicini (stent) così da tenerle aperte, oppure sostituendole con vasi sanguigni sani presi da altri distretti corporei (bypass). Si tratta di pratiche mediche salvavita, ma dai costi elevati e non esenti da possibili complicanze.

Non sarebbe più saggio fare di tutto affinché quanto appena descritto non si verifichi, e risparmiare ogni anno milioni di vite?

Adottando un'alimentazione completamente vegetale, per esempio.

Una dieta vegana protegge dall'insorgenza di cardiopatia ischemica e dalla mortalità per tale causa più di qualsiasi altro tipo di dieta.[28, 36-39] E i suoi benefici vanno ben oltre la prevenzione, dato che si è dimostrata in grado di *riaprire* letteralmente le coronarie di pazienti che avevano avuto un pregresso infarto o soffrivano di angina pectoris (il dolore toracico che si avverte quando il cuore inizia a essere a corto di ossigeno), tanto da rendere superfluo nella maggior parte dei casi il ricorso a stent o bypass.[40-45]

Ritenete sia estremo eliminare i derivati animali dalla propria tavola per conservare un cuore in salute? Farsi aprire il torace in due, a mio avviso, lo è molto di più.

TUMORI

Per colpa di qualche ciarlatano che in passato ha gridato al miracolo, intorno al legame tra alimentazione vegetale e tumori aleggia ancora un po' di confusione. Chiariamo subito una cosa: con i dati a nostra disposizione, *non* è possibile affermare che la dieta vegana permetta la guarigione dal cancro. Claim sensazionalistici di questo tipo possono funzionare per far diventare virale un video di YouTube, ma noi dobbiamo mantenere il consueto rigore scientifico e restare con i piedi per terra.

Detto questo, adottare una dieta a base vegetale resta comunque un'ottima idea se si vuole scongiurare l'eventualità di ammalarsi della patologia più temuta ai giorni nostri: chi sceglie una dieta vegana vede infatti ridursi di quasi il venti per cento il rischio di sviluppare un cancro nel corso della vita.[38,39]

Alimentandosi di soli vegetali si riesce infatti a raggiungere la massima concentrazione possibile di sostanze protettive ad azione anti-tumorale,

evitare nel contempo alimenti sospetti di favorire la trasformazione di cellule sane in cancerose, come la carne rossa o lavorata, e mantenere bassi i livelli di quegli ormoni che potrebbero favorire la progressione del tumore una volta instauratosi.[46,47]

Anche se non potrà portare da sola a una completa guarigione, l'adozione di una dieta vegana anche in chi ha già ricevuto questa diagnosi può avere comunque dei vantaggi. L'organismo di chi segue una dieta vegetale a basso contenuto di grassi, infatti, diventa più efficace nell'attaccare le cellule neoplastiche e contenere così la crescita del tumore pur senza comportarne, ovviamente, la scomparsa.[48,49,50]

Quanto elencato non vi ha ancora convinto ad attuare immediatamente il passaggio a una dieta vegetale?

Tranquilli, c'è molto altro!

I vegani possiedono, rispetto ai non vegani, una maggior quantità di quei batteri intestinali per noi vantaggiosi, in grado di convertire le fibre dei vegetali in acidi grassi a catena corta dalle proprietà antinfiammatorie e anti-tumorali.[51,52] Grazie all'azione protettiva di queste molecole la parete del tubo digerente rimane più facilmente integra, evitando che eventuali allergeni e microorganismi patogeni possano farsi strada fino ai vasi sanguigni.

La flora batterica intestinale di un vegano, al contrario di quella di chi invece consuma prodotti animali e i loro derivati, è inoltre incapace di convertire la colina introdotta con gli alimenti in trimetilammina-N-ossido (TMAO, per gli amici). Il TMAO è una molecola in grado di promuovere la formazione di placche aterosclerotiche e di irrigidire la parete dei vasi sanguigni, predisponendo a infarti e ictus.[53,54]

Seguire un'alimentazione basata solo su alimenti di origine vegetale è inoltre un ottimo mezzo per preservare la salute dei reni, dal momento che con una dieta a base vegetale si produce una quantità nettamente inferiore di scorie da filtrare.[55] Non sorprende quindi che il passaggio a una dieta vegana migliori i parametri di chi già soffre di nefropatie, migliorando la prognosi.[56-58]

Grazie all'elevata concentrazione di sostanze antiossidanti e antinfiammatorie, una dieta vegetale ha mostrato benefici anche nella gestione di quelle malattie le cui cause sono l'infiammazione e un'eccessiva attivazione del sistema immunitario, come l'artrite reumatoide e la fibromialgia.[59-62]

E protegge pure dalla formazione di calcoli biliari che, credetemi, sono una dolorosa scocciatura.[63]

In conclusione, riempire la vostra tavola di tutto ciò che di colorato il regno vegetale ha da offrire vi permetterà di vivere con maggiore probabilità un'esistenza lunga e in salute.

Parallelamente, però, sarà bene che vi assicuriate di avere a disposizione anche un pianeta Terra sul quale potervela godere fino all'ultimo giorno.

Anche in questo caso la dieta vegana è proprio quello che fa al caso vostro, come vedremo nel prossimo capitolo.

CAPITOLO 6

*È facile diventare
vegano...*

Se sai quanto
è sostenibile

Che la temperatura terrestre stia aumentando in modo preoccupante è un dato di fatto. Se nei prossimi anni non si riuscirà a contenere questo vertiginoso aumento, le conseguenze per l'umanità saranno devastanti: la calotta artica della Groenlandia si scioglierà, il livello dei mari si innalzerà e le aree costiere di tutto il mondo verranno sommerse. New York, Jakarta e molte altre metropoli verranno spazzate via, così come le Maldive e altri interi arcipelaghi. Milioni di persone si ritroveranno a dover migrare altrove, e gli oltre dieci miliardi di abitanti che saranno ormai presenti su questo pianeta si imbarcheranno in feroci guerre per accaparrarsi le poche aree fertili rimaste. La carenza idrica sarà un problema che metterà a rischio la salute di molti; le ondate di caldo nei mesi estivi diventeranno una costante alle nostre latitudini, e dureranno per settimane; fenomeni metereologici disastrosi e un tempo eccezionali, come uragani e alluvioni, saranno all'ordine del giorno. In questo scenario già abbastanza allarmante, le patologie infettive troveranno le condizioni ottimali per diffondersi. Purtroppo, però, non avremo le armi per combatterle dal momento che il massiccio utilizzo di antibiotici, di cui gli allevamenti intensivi sono i primi responsabili, avrà reso i batteri ormai resistenti e in grado di mietere indisturbati milioni di vittime all'anno.

Questo panorama apocalittico non è un'eventualità remota della quale si occuperà tra un paio di secoli un brillante scienziato che tirerà fuori dal cappello una qualche tecnologia rivoluzionaria, ma è solo un'edulcorata ricostruzione di quello a cui assisteremo nel 2030, massimo 2050.

Per fortuna siamo in tempo per evitare che la situazione possa peggiorare ancora ed evitare che l'aumento della temperatura superi gli 1.5 gradi centigradi, come auspicato dall'accordo di Parigi.[1]

Come? È molto semplice.

La Terra si sta surriscaldando per colpa dell'aumento nell'atmosfera dei cosiddetti gas serra, tra i quali vale la pena ricordare l'anidride carbonica, il metano e il protossido di azoto. Questi gas, quando presenti in eccesso, costituiscono un vero e proprio schermo isolante che permette ai raggi solari di passare, impedendo però loro di "rimbalzare" nuovamente fuori dall'atmosfera e causando così l'innalzamento della temperatura terrestre.

Quali sono le attività a cui imputare maggiormente la produzione di gas serra? I trasporti?

No.

L'allevamento intensivo di mucche, maiali e polli

(resosi necessario per soddisfare la crescente richiesta dei prodotti alimentari da loro derivati)

è responsabile di ben un terzo delle emissioni di gas serra a opera dell'uomo.[2]

Gli alimenti di origine animale richiedono infatti, per tutto il loro processo produttivo, un consumo di combustibili fossili circa dodici volte maggiore rispetto ai cibi vegetali.[3]

E c'è dell'altro. Il letame e la digestione del cibo nell'intestino degli animali stessi, bovini in particolare, immettono direttamente gas serra nell'atmosfera.[2,4] State sogghignando? C'è ben poco da ridere, se si pensa che gli animali da allevamento superano di gran lunga il numero di esseri umani presenti sulla Terra e producono nella loro breve vita una quantità centotrenta volte superiore di escrementi.[5]

Ne vale la pena, almeno? No. A fronte di questa enorme produzione di gas serra, si riesce a coprire con i prodotti dell'allevamento intensivo solo il diciassette per cento del fabbisogno energetico mondiale.[6] Un danno quindi non solo pressoché inutile, ma che genera anche un enorme spreco di risorse. Per la coltivazione dei mangimi dedicati agli animali da allevamento, inoltre, viene impiegato oltre il settanta per cento del terreno destinato all'agricoltura.[7]

> Più aumenta la domanda globale di carne e altri prodotti derivati dagli animali, più le foreste vengono bruciate (con produzione di ulteriore anidride carbonica) per far spazio a coltivazioni di cereali e soia che diventeranno mangime.

Sì, avete capito bene. Attraverso la vostra bistecca rigorosamente a chilometro zero e made in Italy è molto probabile che stiate indirettamente contribuendo alla distruzione della foresta Amazzonica, dal momento che la quasi totalità della soia utilizzata come mangime in Italia è di importazione dal continente americano.[8] E ne serve parecchia: ben nove chili di mangime per ottenere un solo chilo di carne.

E l'acqua? «È un bene prezioso, non sprecarla!» Si legge nei bagni pubblici di tutto il mondo. La stessa raccomandazione dovrebbe però essere affissa anche in ristoranti e supermercati, dal momento che è proprio verso la produzione di cibi animali che viene dirottato il settanta per cento dell'acqua potabile.[9]

Per aumentare la resa delle colture dei vegetali destinati agli animali da allevamento, inoltre, viene fatto un uso massiccio di fertilizzanti, erbicidi e pesticidi che vengono assorbiti dal terreno arrivando così fino alle falde acquifere.[10] Contaminata poi anche da antibiotici per uso veterinario e dal letame,[11] anche la più preziosa e irrinunciabile risorsa sta risentendo dall'inguaribile appetito per i cibi di origine animale del mondo occidentale.

Una situazione del genere non è sostenibile, e

orientare le proprie azioni in modo da cambiare le cose è un obbligo morale, una manifestazione di altruismo.

La stessa organizzazione delle Nazioni Unite, nell'estate del 2019, ha esortato con un dettagliato rapporto le popolazioni dei Paesi più ricchi a rivedere le proprie abitudini dietetiche e a spostarsi verso un'alimentazione del tutto o per la maggior parte vegetale.[12] Sbafarsi imperterriti panini con prosciutto e formaggio e bistecche ai ferri, ignorando le conseguenze di queste azioni per la collettività, è da considerarsi oggi un comportamento incivile al pari di gettare la propria spazzatura per strada o non fare la raccolta differenziata.

Vorreste essere considerati dai vostri pari dei bifolchi maleducati e irrispettosi? Oppure preferireste essere apprezzati in quanto individui attenti e consapevoli che contribuiscono a un cambiamento necessario e urgente?

Non c'è tempo di aspettare che qualche politico, dall'alto della sua carica, prenda decisioni che cambino le sorti del nostro pianeta. Chi ha creato questa catastrofica situazione, vale a dire il primo mondo con le sue scelte alimentari, ha il potere (e il dovere) di risolverla. La soluzione è proprio sotto il vostro naso. Lì, nel vostro piatto.

Una dieta vegana, tra tutte le modalità di alimentazione possibili, è quella responsabile delle minori emissioni di gas serra, che consuma meno acqua potabile e per sostenere la quale serve meno terreno agricolo.[13,14] Limitare la frequenza di consumo degli alimenti di origine animale è uno sforzo sicuramente utile e apprezzabile, ma non farà quella sostanziale differenza della quale abbiamo un grosso bisogno, al momento. La presenza anche solo di una piccola quantità di questi alimenti, infatti, è responsabile del settanta, ottanta per cento dell'impatto ambientale totale di una dieta.[13]

Appena sentite di esserne in grado, provate a fare a meno del tutto di ogni derivato animale, senza commettere l'errore di indugiare troppo a lungo nel consumo di pesce, pensando che si tratti di un ragionevole compromesso. I prodotti ittici provenienti da allevamenti intensivi, al pari degli animali terrestri, necessitano di mangime (che andrà coltivato) e producono scarti (che andranno smaltiti).[15]

La pesca estensiva, dall'altro lato, sta lentamente svuotando il mare dai suoi abitanti, ciascuno dei quali è indispensabile al mantenimento degli ecosistemi marini. Nelle reti da pesca (e quelle abbandonate rappresentano oltre due terzi dei rifiuti in plastica che galleggiano oggi negli oceani) vengono intrappolate sia le specie edibili, sia molte altre che moriranno per diventare mangime o inutilmente per venire poi rigettate in mare.[16]

L'idea di cambiare l'identità alimentare con la quale siete cresciuti potrà spaventarvi, all'inizio. È più che comprensibile, ma allo stato attuale non c'è molta altra scelta.

Fare meno figli, volare di meno, installare pannelli solari o bere da una borraccia riutilizzabile sono tutte azioni lodevoli per la salvaguardia del nostro sofferente pianeta, ma non saranno sufficienti. In quanto fortunati abitanti dei Paesi occidentali abbiamo il privilegio di mangiare tre o più volte al giorno e dovremmo, per rispetto di chi nel resto del mondo non ha nemmeno scelta, farlo in modo da consumare il meno possibile quell'esiguo *carbon budget* residuo che ci separa dal disastro.[17]

Eppure, nonostante la scienza (e il semplice buon senso) stia spingendo sempre più persone ad adottare una dieta vegetale, a intervalli regolari c'è chi solleva la stessa (infondata) obiezione. Secondo questa strampalata teoria avanzata da alcuni detrattori della dieta vegana, questa si baserebbe su alimenti esotici provenienti dall'altro capo del globo, comportando impoverimento dei Paesi da cui provengono e sfruttamento dei lavoratori in loco e non sarebbe quindi per nulla sostenibile.

Gli imputati sarebbero quinoa e avocado.

Li avete sentiti nominare in questo libro? No.

Ho appositamente evitato di menzionarli nelle pagine precedenti per dimostrarvi come si possa seguire una dieta vegana bilanciata senza consumare nessuno dei due. Ed è anche logico che ciò sia possibile, dal momento che si tratterebbe di rinunciare solo a un rappresentante della famiglia dei cereali e a un grasso le cui veci, nel nostro Paese, sono sempre state fatte egregiamente dalle olive e dal loro olio.

Se vi venisse però una voglia improvvisa di questi due alimenti, potreste comunque approfittare degli avocado coltivati in Sicilia e della quinoa del centro-Italia. Anche se, con tutti i nuovi colori, consistenze e sapori che andrete a scoprire quando cambierete la vostra alimentazione, dubito che ne sentirete particolarmente la mancanza.

CAPITOLO 7

È facile diventare vegano...

Se sai cosa succede agli animali

Per evitare che prendeste sottogamba la lettura dei capitoli precedenti e sottovalutaste gli enormi vantaggi di una dieta completamente vegetale, pensando che io la promuova accecata soltanto dal desiderio di evitare inutili sofferenze agli animali, ho deciso di lasciare questo delicato aspetto per ultimo. L'empatia è un pregio che si è felici di trovare in un medico, ma quando questo sentimento non si limita ai pazienti e si allarga anche ad altri esseri viventi viene percepito come un difetto in grado di offuscare il giudizio.

Potete stare tranquilli: tutta la letteratura scientifica riportata a supporto della scelta vegana è stata sottoposta a revisione imparziale da esperti del settore, ed è esente dall'influenza di qualsiasi preconcetto. A ogni modo, non è affatto insolito lasciarsi guidare dai propri principi etici quando si tratta di scegliere che cosa mettere nel proprio piatto. Lo fate anche voi, ogni giorno.

> Se all'ora di cena non preparate un carpaccio con la carne del vostro cane ma optate per della bresaola, per esempio, state operando questa decisione in base a ciò che vi dicono (anche a livello inconscio) i vostri principi morali.

Costringere un fotogenico Labrador a vivere un'esistenza misera per poi sgozzarlo e farlo a pezzi è sbagliato, ma se è una mucca a dover subire tutto questo allora non c'è problema.

Non è nemmeno colpa vostra, sia chiaro. È logico e comprensibile che, vivendo in una società nella quale è considerato normale, necessario e naturale cibarsi di alimenti derivati dagli animali, non vi eravate probabilmente mai posti il problema. Lo facevano tutti: perché non avreste dovuto farlo anche voi?

Per cambiare questo paradigma non è necessario provare *amore* nei confronti degli animali: è più che comprensibile infatti che la maggior parte di voi riservi il più nobile dei sentimenti solo alla ristretta cerchia dei propri cari. E va benissimo così.

Non è compito mio convincervi a sbaciucchiare ogni maiale, gallina e vitello che incontrerete. Se non è nella vostra natura farlo, è giusto che non cambiate. Per allinearvi ai principi etici della scelta vegana è sufficiente prendere coscienza che, proprio come il vostro cane o il vostro gatto, qualsiasi animale merita *rispetto*. Il rispetto è un sentimento che potete elargire con più generosità dell'amore, ed è inesauribile. Non toglierete nulla a nessuno iniziando a *rispettare* non solo i vostri animali da compagnia, ma tutti quanti.

È un gesto simbolico, certo. Se farete il ragù con le lenticchie non salverete materialmente un vitello già esistente dal suo triste destino, ma indirizzando i vostri soldi verso un prodotto vegetale contribuirete ad abbassare la domanda per questo tipo di alimenti, e non sarete complici delle atrocità che subiscono gli animali prima di diventare cibo.

Se ancora non ne siete al corrente e volete saperne di più, proseguite nella lettura.

MAIALI

Sarebbe improprio descrivere la nascita di un maialino utilizzando la metafora del "venire alla luce", dal momento che la luce del sole lo sventurato la vedrà per la prima volta soltanto qualche mese dopo, il giorno che verrà portato al macello.[1]

Le scrofe trascorrono i quattro mesi della loro gestazione in recinti affollati, per poi essere trasferite in gabbie da parto nelle quali riescono a malapena a muoversi. A causa dell'inattività forzata i loro muscoli si indeboliscono e, non appena avranno partorito, non è infrequente che per errore schiaccino con il loro peso alcuni dei cuccioli appena nati. Buona parte di quelli che non moriranno soffocati involontariamente dalla propria madre lo faranno a causa delle infezioni (le feci e le urine di scrofe e maialini restano infatti nella gabbia), della disidratazione o della malnutrizione, dato che in uno spazio così ristretto la mamma potrebbe non riuscire a girarsi per allattarli a dovere.

Le femmine che sopravvivono al primo mese di vita entrano subito in un circuito di inseminazioni artificiali e gravidanze ripetute fino al giorno della loro macellazione, mentre i maschi vengono avviati all'ingrasso dopo aver loro rimosso senza anestesia i denti, i testicoli e la coda. Perché?

Be', dal momento che trascorreranno i sette mesi successivi rinchiusi in capannoni bui in compagnia di loro simili sguazzando nei loro stessi escrementi, e che per lo stress accadono spesso episodi di cannibalismo, è un modo per cercare di arginare i danni e non compromettere la qualità della carne.

Da questo ambiente chiuso, buio e soffocante potranno andarsene solo il giorno che, senza alcuna delicatezza, verranno caricati sul camion che li porterà al macello. I maiali che non muoiono durante il trasporto per il caldo e la disidratazione vengono fatti mettere ordinatamente in fila e pungolati con un bastone che rilascia una scarica elettrica. Verranno prima storditi, poi pugnalati al cuore e quindi gettati in una vasca piena di acqua bollente, così che perdano le setole. Data la rapidità con la quale devono avvenire queste operazioni, non è insolito che lo stordimento non sia del tutto efficace e i maiali siano ancora perfettamente coscienti mentre annegano e si dissanguano nella vasca di scottatura.[2,3]

GALLINE OVAIOLE

Pensate che le vostre uova provengano da galline libere di razzolare felici in un ampio cortile? Mi dispiace fare la guastafeste e – è proprio il caso di dirlo – rompervi le uova nel paniere. La vita di qualsiasi gallina ovaiola, anche quelle allevate "a terra" e "biologiche", inizia con la schiusa di centinaia di uova all'interno di gigantesche incubatrici. I pulcini appena nati non verranno accolti sotto l'amorevole ala della loro mamma chioccia, bensì rovesciati sopra a un nastro trasportatore. Gli addetti ai lavori identificano i maschi e le femmine difettose, che non potendo deporre uova non porteranno ad alcun vantaggio economico, e li gettano in un tritarifiuti che li uccide all'istante. In alternativa, moriranno lentamente per soffocamento all'interno di giganteschi sacchi della spazzatura.

Alle future galline ovaiole che hanno la fortuna (si fa per dire) di passare la selezione, viene amputato il becco con una lama rovente per evitare che, visto il sovraffollamento delle gabbie nelle quali saranno costrette a vivere, possano ferirsi a vicenda.[4]

Sebbene negli ultimi anni lo spazio a disposizione per ciascuna gallina sia aumentato, non si tratta certo di un hotel a cinque stelle. Le poverette riescono a malapena a sgranchirsi le ali. Le condizioni stressanti rendono le galline apatiche, anemiche e fanno perdere loro le piume. Grazie a un'attenta selezione genetica, a mangimi iperproteici e al fatto che una luce artificiale resta accesa per tutto il giorno, le galline ovaiole depongono il triplo delle uova rispetto a una condizione di normalità.[5]

Negli allevamenti a terra e all'aperto la situazione non è tanto più rosea, dato che sono stipate dalle quattro alle nove galline per metro quadrato.[6]

Dopo essere state spremute e sfruttate per quasi due anni, infine, vengono avviate al macello.

POLLI E TACCHINI

Anche l'oltre mezzo miliardo di volatili allevati ogni anno per la loro carne bianca non se la passa meglio.[7] Polli e tacchini emettono il loro primo pigolio in incubatori artificiali e, se giudicati troppo deboli per l'ingrasso, la loro vita non proseguirà oltre: verranno tritati.[8]

Gli esemplari ritenuti idonei vengono trasferiti in enormi capannoni dove, in poche settimane, verranno iperalimentati in modo da raggiungere un peso esagerato per la loro costituzione, tanto da sviluppare malattie cardio-metaboliche e non riuscire nemmeno a reggersi sulle zampe.

Le feci e le urine che ricoprono il pavimento irritano la pelle dei volatili e sono un terreno favorevole allo sviluppo di infezioni. Chi non ce la fa, viene lasciato morire in un angolo.

Dopo sole sette, al massimo dodici settimane vengono mandati al macello dove, dopo averli prima storditi con il gas, vengono appesi a testa in giù o posizionati all'interno di un imbuto colasangue. Proprio così: lo trovate in vendita anche su Amazon. Viene tagliata loro la gola (manualmente o tramite una macchina) così che muoiano dissanguati.

MUCCHE DA LATTE

Quanti di voi riescono a trattenere le lacrime alla vista della mamma di Dumbo che canta una ninna nanna al figlioletto attraverso le sbarre? Credo nessuno, perché non c'è nulla di più straziante al mondo di un cucciolo bisognoso di cure ingiustamente separato dalla propria mamma. Forse non ci avevate mai pensato, ma affinché possiate spolverare del parmigiano sulla pasta, mantecare il risotto con una noce di burro o macchiare il vostro caffè con del latte vaccino, succede proprio questo. Come tutti i mammiferi, le mucche producono latte solo dopo una gravidanza.

Per produrre latte è quindi necessario che vengano prima inseminate artificialmente, poi che partoriscano. Pochi istanti dopo la nascita, quando il vitello si sta ancora guardando intorno spaesato cercando con gli occhi la sua mamma, viene trascinato via, per essere quindi rinchiuso in minuscole gabbie. La madre si vede costretta ad assistere a tutto questo, e i suoi muggiti disperati riecheggiano in tutto l'allevamento per settimane.[9]

Se il vitello è un maschio verrà ucciso dopo pochi mesi per diventare carne, se femmina le sarà riservato lo stesso trattamento della madre.

Nella malaugurata (per l'allevatore) ipotesi che i cuccioli non possano per motivi di spazio venire separati dalla mucca, si provvede a scoraggiare l'allattamento applicando al vitello un anello antisucchio (vi suggerisco di googlarlo) così che, non appena si avvicini alle mammelle di sua madre, questa si allontani infastidita.

Il suo latte, del resto, non va sprecato: è destinato al consumo umano.

Alle mucche è richiesta una produzione di latte tre volte superiore rispetto a quella che sarebbe necessaria per far crescere il proprio vitello: vengono munte due volte al giorno per trecento giorni all'anno e arrivano a dover produrre fino a trenta litri di latte al giorno. Ogni mucca da latte vive per circa cinque anni, nei quali il ciclo di inseminazione artificiale-parto-allontanamento del proprio cucciolo-mungitura si ripete senza sosta.

Quando è stata spremuta a sufficienza e mantenerla in vita non è più un vantaggio per l'allevatore, viene macellata.[10]

BOVINI

I vitelli vengono strappati alle madri quando sono ancora dei cuccioli, per essere mandati all'ingrasso. L'unico scopo della loro vita sarà quello di venire ipernutriti, in modo da sviluppare una massa muscolare che possa creare profitto una volta venduta.

Per rendere i maschi più mansueti ed evitare che si azzuffino tra di loro o creino problemi al personale dell'allevamento, vengono castrati senza aver prima praticato loro alcuna anestesia. La decornazione, vale a dire la rimozione delle corna con una pasta corrosiva se i vitelli sono piccoli oppure con una cesoia elettrica se le corna si sono già formate, è un'altra prassi consolidata.

I bovini da carne trascorreranno la loro breve vita rinchiusi in recinti, dalla pavimentazione talvolta non idonea a garantire un corretto funzionamento delle loro articolazioni. Per lo stress che questa situazione innaturale comporta, diventano apatici o sviluppano comportamenti stereotipati e ripetitivi.

Dopo appena un anno e mezzo di vita, quando in natura potrebbero tranquillamente vivere fino ai quarant'anni, vengono mandati al macello. Mentre attendono il loro turno capiscono perfettamente che cosa sta succedendo al compagno prima di loro, e sono terrorizzati. Vengono storditi con un proiettile retrattile che penetra fino alla corteccia cerebrale, quindi agganciati per una zampa e issati in modo che possa più agevolmente venir recisa loro la giugulare.[11]

PESCI

Per il fatto di avvenire in silenzio, probabilmente, la sofferenza dei pesci scandalizza meno il grande pubblico rispetto a quella di altri animali. Eppure, vista la sempre crescente richiesta di prodotti ittici nel nostro Paese, la maggior parte di questi deriva ormai da veri e propri allevamenti intensivi, guidati dalla logica del profitto.

Stipati in vasche piene d'acqua insieme a centinaia di migliaia di altri esemplari, trascorrono la loro breve vita senza alcun stimolo di tipo ambientale, né possibilità di riparo. Potranno andarsene solo quando un operatore li trascinerà fuori utilizzando un grosso retino, sul fondo del quale i pesci più sfortunati si feriscono, schiacciati dal peso degli altri. Quelli che sopravvivono, moriranno in enormi vasche piene di ghiaccio annaspando alla ricerca di ossigeno, che devono contendersi con centinaia di loro simili. Non dovesse funzionare nemmeno questo, ci sarà sempre il modo di finirli a martellate.[12]

I pesci pescati non se la passano meglio.

Intrappolati in gigantesche reti, vengono portati in superficie così velocemente che la rapida diminuzione della pressione fa loro uscire i visceri dalla bocca. Ammassati uno sopra l'altro sul ponte delle navi, agonizzano per decine di minuti. C'è chi si dibatte e prova a scappare, ma il personale di bordo è più rapido nel bastonarli a morte.

Tutto questo avviene spesso invano: in seguito a un'attenta cernita del pescato, le specie non commestibili vengono rigettate in mare.[13]

AVETE I BRIVIDI?

Vi risparmio i dettagli di ciò che accade a conigli, oche, capre, pecore e cavalli. Credetemi sulla parola, l'orrore è del tutto sovrapponibile.

Eppure, nella vostra lunga carriera di vegani, qualcuno proverà a convincervi del fatto che quanto succede sia non solo un bene per gli esseri umani, ma anche per gli animali stessi.

«Se gli allevamenti intensivi non esistessero, questi animali si estinguerebbero!»

«Se diventassimo tutti vegani, le nostre città verrebbero invase da mucche, maiali e galline. Dobbiamo mangiarli per evitare che questo succeda!»

Queste due sciocchezze sono facilmente confutabili.

La riproduzione degli animali da allevamento, infatti, non è lasciata al caso ma sapientemente controllata dall'uomo ed è guidata dalla domanda di prodotti alimentari derivati dagli stessi animali.

Se sempre più persone passassero a un'alimentazione completamente vegetale, verrebbe meno la necessità di mettere al mondo animali a uso alimentare con il solo scopo di ucciderli dopo una breve vita di sofferenze. In un ipotetico mondo completamente vegano (che probabilmente mai si realizzerà, e comunque in ogni caso non nell'immediato), le razze un tempo sfruttate in zootecnia potrebbero trascorrere un'esistenza serena ed esprimere la loro natura in spazi a loro dedicati. Forse il mondo intero potrebbe finalmente scoprire quanto siano giocherelloni i maiali, o come le mucche manifestino vicinanza e solidarietà a un'amica che ha appena partorito.

Il codice penale (articolo 544-bis e 544-ter) stabilisce che chiunque cagioni una lesione o la morte di un animale «senza necessità» venga punito con la reclusione fino a due anni o con una multa fino a trentamila euro.

È necessario, per raggiungere i propri fabbisogni nutrizionali, causare la sofferenza e la morte di un animale? No, come vi ho appena dimostrato, dati alla mano. Tuttavia, quello che succede agli animali negli allevamenti non si configura come reato: la legge traccia una netta linea di demarcazione che separa gli animali degni di tutela e cure da quelli non meritevoli dello stesso trattamento.

I vegani con la loro scelta mostrano di non essere d'accordo e di ritenere che tutti gli animali meritino di essere trattati allo stesso modo.

Se sentite di amare (o quantomeno di rispettare) tutti gli animali avete da tre a cinque occasioni al giorno per dimostrarlo, e potete far sentire la vostra voce pasto dopo pasto, per tutta la vita.

> Con il vostro esempio e i vostri manicaretti potrete manifestare in modo pacifico questa convinzione, e ispirare chi vi circonda a fare lo stesso.

A meno che non diventiate uno di quei vegani insopportabili, che farebbero passare a chiunque la voglia di diventarlo. Nel prossimo capitolo vediamo come scongiurare questa infelice eventualità.

CAPITOLO 8

È facile diventare
vegano...

Se sai non renderti
antipatico

Ci sono passata anch'io, quindi vi capisco perfettamente. Non appena verrete a conoscenza di come una dieta completamente vegetale possa risparmiare la vita di milioni di animali ogni anno, impattare meno sull'ambiente e allo stesso tempo avere addirittura un'influenza positiva per la salute pubblica, non riuscirete a starvene con le mani in mano. È più che comprensibile che avvertiate l'impellente desiderio di informare quante più persone possibili a ogni occasione che vi si presenti, per contribuire al cambiamento di una società che continua invece imperterrita ad andare in tutt'altra direzione.

Il rischio, nella foga, è quello di compiere però qualche passo falso che contribuisca a rafforzare ulteriormente quella fastidiosa immagine caricaturale con la quale chi è vegano viene spesso descritto.

Ci vorrà del tempo per riabilitare
la reputazione dei vegani agli occhi
del pubblico.
Per far sì che questo accada, il vostro
contributo è fondamentale.

Se imposterete un'immagine di voi positiva, empatica, rispettosa e ragionevole, sarà più probabile che coloro che vi circondano possano magari prendere in considerazione, un giorno, l'idea di seguire il vostro esempio.

Per non ripetere gli errori compiuti da quella sparuta (per fortuna) minoranza di vegani che ha contribuito a far sì che l'argomento suscitasse nei più un'istintiva diffidenza, bisogna prima conoscerli.

Vediamoli insieme.

• Utilizzare la violenza (verbale o di altra natura) per veicolare un messaggio fondamentalmente pacifico è un controsenso. Fare irruzione nei ristoranti che servono piatti di carne per gridare: «Assassini!» ai commensali, gettare vernice rossa addosso alle signore impellicciate o augurare la morte (ebbene sì, succede anche questo) a famosi chef televisivi contrari alla diffusione della cucina vegetale metterà in cattiva luce anche tutti quei vegani che si stavano tranquillamente facendo gli affari loro. Una scelta che vede alla base il rispetto e l'empatia non può essere comunicata urlando e insultando il prossimo.

- C'è una famosa vignetta che recita: come si fa a stanare un vegano? Non ce n'è bisogno, sarà lui a farsi trovare.

Quando si è animati da nobili intenzioni, infatti, c'è il rischio di trasformare ogni occasione sociale, dalle feste di famiglia alle assemblee condominiali, in una ghiotta occasione per fare proseliti. Stordire le persone di parole cercando di condensare in pochi minuti tutte le ottime ragioni per le quali dovrebbero diventare vegane e pretendere che al termine della conversazione abbiano già cambiato idea, non farà che sortire l'effetto opposto.

Come reagite voi quando un operatore telefonico della concorrenza vi interrompe mentre state facendo tutt'altro per provare a convincervi a sottoscrivere il loro piano tariffario? Ci sono momenti nei quali bisogna riconoscere che sarebbe fuori luogo, se non addirittura controproducente a lungo termine, mettervi a fare comizi sul tema.

- C'è il rischio che chi si astiene da qualsiasi derivato animale si ponga, inconsciamente o meno, in una posizione di superiorità morale rispetto al proprio interlocutore e lo giudichi, a prescindere da tutto il resto, inferiore. Anche in questo caso, rispettare gli animali e posizionarsi allo stesso tempo sopra un piedistallo dal quale disprezzare tutti coloro che non la pensano allo stesso modo non è un ragionamento coerente. Non sfruttare gli animali per ottenerne cibo o altri prodotti è sicuramente una scelta lodevole da fare, sul piano morale. Ma non è l'unica. Esistono non-vegani che devolvono ogni anno milioni di euro in beneficienza a favore delle più svariate cause, che fanno volontariato o che combattono altre battaglie per il bene della comunità.

  Non è solo in base a ciò che decide di mettere (o non mettere) nel proprio piatto che va giudicata una persona. Si possono incontrare vegani maleducati, arroganti e intolleranti delle altrui scelte (vedi punto uno) così come non-vegani gentili e rispettosi.

  Diventare vegani non vi renderà automaticamente delle persone migliori, né vi metterà nella posizione di poter considerare inferiore chi non ha fatto la stessa scelta.

- Chi è vegano nutre la (nemmeno troppo segreta) speranza che tutto il mondo, in un futuro prossimo, lo diventi. Molti vegani sono però molto severi nel processo di ammissione di nuovi membri all'interno del loro club esclusivo.

Non vi siete ancora sbarazzati di quella borsa di pelle che vi aveva regalato vostra nonna quindici anni fa in occasione della laurea?

L'analgesico per il mal di testa che siete stati costretti a prendere l'altro giorno era stato testato sugli animali?

Avete letto minuziosamente le etichette di tutti i detersivi, saponi e dentifrici che avete in casa per assicurarvi che siano *cruelty free*?

Conoscete a memoria l'elenco degli oltre duemilacinquecento ingredienti non vegani (con le rispettive sigle) che potrebbero nascondersi nei prodotti di uso comune?

È un atteggiamento, lo avrete già intuito, che non paga: chiunque decidesse di avvicinarsi a questo stile di vita e mostrasse una minima apertura sul tema, si scoraggerebbe tanto da tornare immediatamente sui suoi passi. Che ci piaccia o no, il mondo in cui viviamo attualmente non è vegano e dipende ancora in larghissima parte dallo sfruttamento degli animali. È logico che qualcosa, prima o poi, possa sfuggire al vostro controllo, ma non dovrete colpevolizzarvi o sentirvi meno vegani per questo. Continuate semplicemente a fare del vostro meglio, giorno dopo giorno.

Ci sarà sempre qualcuno che, autodefinendosi più vegano di voi, proverà a farvi sentire in difetto. Ma più le maglie della "selezione all'ingresso" saranno larghe e più gli attuali vegani si mostreranno comprensivi e indulgenti, prima raggiungeremo il nostro scopo.

- L'essere vegano viene spesso associato alla contemporanea adozione di discutibili pratiche che, al contrario di una dieta vegetale ben pianificata, non hanno nulla di scientifico.

Evitate (ve ne prego) di ricoprire l'intera categoria di ridicolo condividendo sui vostri profili articoli estrapolati da siti web dai nomi allarmistici (www.ètuttouncomplotto.com) che invitano a nutrirsi di sole mele o di energia cosmica per combattere i poteri forti e limitare al contempo i danni causati da inesistenti scie chimiche. State lontani dai santoni che affermano di aver scoperto la panacea di tutti i mali in digiuni intervallati dall'assunzione di qualche carota, o che propongono dolorose pratiche di purificazione alle quali non sottoporreste nemmeno il vostro peggior nemico. Non rinnegate la classe medica in toto e nemmeno i progressi che la medicina ha fatto finora, perché è proprio la scienza la vostra maggiore alleata a sostegno dei benefici di un'alimentazione *plant-based*.

Ah, un'ultima cosa: la terra *non* è piatta.

• Quando si sposa una causa nella quale si crede fino in fondo, a maggior ragione quando questa tocca corde delicate come quelle delle sorti del nostro pianeta o della sofferenza degli animali, il rischio è di diventare monotematici. Non c'è bisogno di far sapere a tutti il vostro orientamento alimentare aggiungendo sul profilo Facebook la lettera V tra il nome e il cognome, indossando solo t-shirt a tema e cercando di infilare l'argomento in ogni conversazione. Dareste l'errata impressione di essere delle persone noiose e bidimensionali, che hanno abdicato a tutti i loro altri interessi e alle passioni per portare avanti a tutti i costi la veganizzazione del mondo.

> Non lasciate che il vostro io-vegano soffochi tutti gli altri lati di voi.

Così facendo, chi sta ventilando l'ipotesi di abbandonare i derivati animali non verrà frenato dalla paura che la sua scelta possa appiattire la sua personalità.

Se dovessi sceglierne una sola tra tutte, però, la raccomandazione più importante che mi sento di farvi è questa: non chiedete *mai* alle persone di diventare vegane.

Mi sono ammattita di colpo? No, sono semplicemente pragmatica. Pensateci un attimo: quando avrete terminato di leggere questo libro saprete quanto abbandonare i cibi derivati dagli animali in favore dei cibi del regno vegetale sia facile e allo stesso tempo vantaggioso per la salute vostra, del pianeta e degli animali. Arrivati a questo punto (spero) i vegani non vi staranno più nemmeno antipatici, o almeno avrete cominciato a comprendere un po' di più le loro ragioni.

Per la maggior parte delle persone, però, questo termine continuerà a evocare un gruppo di mattacchioni che si aggirano per le città scalzi distribuendo volantini e cibandosi delle sole foglie cadute spontaneamente dagli alberi.

Da un punto di vista puramente strategico, è difficile che un vostro ipotetico interlocutore non veda l'ora di vedersi attribuito un tale appellativo. E così sarà fino a che, grazie anche alla vostra quotidiana testimonianza, questo ridicolo stereotipo non avrà più ragione di esistere. Ma quel giorno è ancora lontano. Con un esiguo budget di emissioni residue prima del disastro ambientale e con centocinquanta miliardi di animali che muoiono ogni anno per finire sulle nostre tavole, c'è bisogno di azione. Non di perfezione.

Fare almeno la metà dei propri pasti con i legumi come fonte di proteine, vale a dire completamente vegetali, è un obiettivo facilmente raggiungibile da chiunque. Si tratta semplicemente di mettere in pratica le frequenze di consumo dei secondi piatti consigliate dalla piramide mediterranea, secondo la quale le proteine vegetali (legumi, frutta secca e semi oleosi) vanno consumati con una frequenza superiore rispetto a latticini, pesce, uova e carne.

Una pasta e fagioli o del riso con lenticchie per pranzo o cena e una manciata di noci per merenda, in definitiva, se le dovrebbero mangiare tutti. Se ogni vegano esistente oggi in Italia (e ce ne sono oltre un milione e centomila) convincesse cinquanta tra i suoi amici e conoscenti a mangiare vegano *almeno* un pasto al giorno e ad avere così una dieta quantomeno mediterranea, da un punto di vista dei consumi sarebbe come aver convinto venticinque persone a diventare completamente vegane.

Invece di un perentorio «Go vegan!», che farebbe breccia nel cuore di un paio di persone già sensibili, una richiesta di questo tipo suonerebbe più fattibile da chi magari, al momento, non ha alcuna intenzione di diventare vegano. Non si tratta di tradire i vostri principi (voi continuereste imperterriti a essere vegani, naturalmente) ma di giocare al meglio le vostre carte.

Pensate, da un punto di vista di aumento della domanda, come peserebbero gli oltre venticinque milioni di vegani sul mercato: l'offerta si adeguerebbe di conseguenza. E grazie all'aumento delle opzioni vegane in bar, ristoranti e supermercati che ne deriverebbe, mangiare vegano diventerebbe un gioco da ragazzi. E il numero di vegani crescerebbe ancora. A un certo punto, probabilmente, chi ancora non lo fosse si sentirebbe tagliato fuori e si sa, l'essere umano (come tutti gli animali) agisce per emulazione dei suoi simili. Senza aver chiesto insistentemente a nessuno di cambiare radicalmente il proprio modo di alimentarsi, avremmo ottenuto un mondo *vegan-friendly* in pochissimi anni.

Se continueremo invece a dividere
il mondo in buoni e cattivi, bianco e
nero, vegani e onnivori non andremo
molto lontano.

La definizione originaria del termine vegano, coniata dalla Vegan Society nel 1949, prevede che un vegano elimini «nei limiti del possibile e del praticabile» ogni derivato animale dalla propria tavola e da tutti gli altri ambiti della propria vita. Perché non provare a chiedere proprio questo alle persone che vi circondano?

Siate più vegani che potete. È facile.

BIBLIOGRAFIA

Come sono diventata vegana

1. Melina V., Craig W., Levin S., P*osition of the Academy of Nutrition and Dietetics: Vegetarian Diets*, J Acad Nutr Diet. 2016 Dec;116(12):1970-1980.
2. Bettinelli M.E., Bezze E., Morasca L., Plevani L., Sorrentino G., Morniroli D., Giannì M.L., Mosca F., *Knowledge of Health Professionals Regarding Vegetarian Diets from Pregnancy to Adolescence: An Observational Study*, Nutrients, 2019 May 23;11(5).

CAPITOLO 1

1. Melina V., Craig W., Levin S., *Position of the Academy of Nutrition and Dietetics: Vegetarian Diets*. J Acad Nutr Diet, 2016 Dec;116(12):1970-1980.
2. Baroni L., Goggi S., Battino M., *VegPlate: A Mediterranean-Based Food Guide for Italian Adult, Pregnant, and Lactating Vegetarians*, J Acad Nutr Diet. 2018 Dec;118(12):2235-2243.
3. Agnoli C., Baroni L., Bertini I., Ciappellano S., Fabbri A., Papa M., Pellegrini N., Sbarbati R., Scarino

M.L., Siani V., Sieri S., *Position paper on vegetarian diets from the working group of the Italian Society of Human Nutrition*, Nutr Metab Cardiovasc Dis, 2017 Dec;27(12):1037-1052.

4. Società Italiana di Nutrizione Umana. Livelli di Assunzione di Riferimento di Nutrienti ed energia per la popolazione italiana: http://www.sinu.it/html/pag/tabelle_larn_2014_rev.asp.

5. Kristensen N.B., Madsen M.L., Hansen T.H., Allin K.H., Hoppe C., Fagt S., Lausten M.S., Gøbel R.J., Vestergaard H., Hansen T., Pedersen O., *Intake of macro- and micronutrients in Danish vegans*, Nutr J. 2015 Oct 30;14:115.

6. Katz D.L., Doughty K.N., Geagan K., Jenkins D.A., Gardner C.D., *Perspective: The Public Health Case for Modernizing the Definition of Protein Quality*, Adv Nutr, 2019 May 8.

7. Arienti G., *Le basi molecolari della nutrizione*, Piccin, IV edizione 2015, pp 859-860.

8. Haider L.M., Schwingshackl L., Hoffmann G., Ekmekcioglu C., *The effect of vegetarian diets on iron status in adults: A systematic review and meta-analysis*, Crit Rev Food Sci Nutr, 2018 May 24;58(8):1359-1374.

9. United States Department of Agriculture. USDA Food Composition Database: https://ndb.nal.usda.gov/ndb/.

10. Vucenik I., Shamsuddin A.M., *Protection against*

cancer by dietary IP6 and inositol, Nutr Cancer, 2006;55(2):109-25.

11. Arriero Mdel M., Ramis J.M., Perelló J., Monjo M., *Inositol hexakisphosphate inhibits osteoclastogenesis on RAW 264.7 cells and human primary osteoclasts*, PLoS One, 2012;7(8):e43187.

12. López-González A.A., Grases F., Monroy N., Marí B., Vicente-Herrero M.T., Tur F., Perelló J., *Protective effect of myo-inositol hexaphosphate (phytate) on bone mass loss in postmenopausal women*, Eur J Nutr. 2013 Mar;52(2):717-26.

13. Sette S., Le Donne C., Piccinelli R., Mistura L., Ferrari M., Leclercq C., INRAN-SCAI 2005–06 study group, *The third National Food Consumption Survey*, INRAN-SCAI 2005-06, *Major dietary sources of nutrients in Italy*, Int J Food Sci Nutr. 2013 Dec;64(8):1014-21.

14. Weaver C.M., Plawecki K.L., *Dietary calcium: adequacy of a vegetarian diet.*, Am J Clin Nutr, 1994;59(5 Suppl): 1238S-41S.

15. Weaver C.M., Proulx W.R., Heaney R., *Choices for achieving adequate dietary calcium with a vegetarian diet*, Am J Clin Nutr. 1999;70(3 Suppl):543S-8S.

16. Heaney R.P., Dowell M.S., Rafferty K., Bierman J., *Bioavailability of the calcium in fortified soy imitation milk, with some observations on method*, Am J Clin Nutr. 2000;71(5):1166-9.

17. Abedi E., Sahari M.A., *Long-chain polyunsaturated*

fatty acid sources and evaluation of their nutritional and functional properties, Food Sci Nutr, 2014 Sep;2(5):443-63.

18. Evaluation of the Joint FAO/WHO Expert Committee on Food Additives, *Methylmercury*, disponibile al link: apps.who.int/food-additives-contaminants-jecfa-database/chemical.aspx?chemID=3083.

19. Gebauer S.K., Psota T.L., Harris W.S., Kris-Etherton P.M., *N-3 fatty acid dietary recommendations and food sources to achieve essentiality and cardiovascular benefits*, Am J Clin Nutr, 2006 Jun;83(6 Suppl):1526S-1535S.

20. Schneedorferová I., Tomčala A., Valterová I., *Effect of heat treatment on the n-3/n-6 ratio and content of polyunsaturated fatty acids in fish tissues*, Food Chem, 2015 Jun 1;176:205-11.

21. Wright S.L., Thompson R.C., Galloway T.S., *The physical impacts of microplastics on marine organisms: a review*, Environ Pollut, 2013 Jul;178:483-92.

22. Masters C., *Omega-3 fatty acids and the peroxisome*, Mol Cell Biochem, 1996 Dec 20;165(2):83-93.

23. Harnack K., Andersen G., Somoza V., *Quantitation of alpha-linolenic acid elongation to eicosapentaenoic and docosahexaenoic acid as affected by the ratio of n6/n3 fatty acids*, Nutr Metab (Lond). 2009 Feb 19;6:8.

24. Ministero della Salute. *Poco sale e solo iodato*, disponibile al link: www.salute.

gov.it/portale/documentazione/p6_2_5_1. jsp?lingua=italiano&id=18.

25. Società Italiana di Nutrizione Umana. *Meno sale, più salute*, disponibile al link: www.sinu.it/public/ meno_sale_piu_salute/Comunicato_stampa_ WASH_2015_Abuso_di_sale_nell_infanzia1.pdf.

26. Teas J., Pino S., Critchley A., Braverman L.E., *Variability of iodine content in common commercially available edible seaweeds*, Thyroid, 2004 Oct;14(10):836-41.

27. Mangels R., Messina V., Messina M.. *The Dietitian's Guide to Vegetarian Diets*, 3rd ed. Johnes and Bartlett, Sudbury, MA; 2011

28. Carmel R., *Malabsorption of food cobalamin*, Baillieres Clin Haematol, 1995 Sep;8(3):639-55.

29. Herrmann W., Geisel J., *Vegetarian lifestyle and monitoring of vitamin B-12 status*, Clin Chim Acta, 2002 Dec;326(1-2):47-59.

30. Wacker M., Holick M.F., *Sunlight and Vitamin D: A global perspective for health*, Dermatoendocrinol, 2013 Jan 1;5(1):51-108.

31. Cashman K.D., Dowling K.G., Škrabáková Z., Gonzalez-Gross M., Valtueña J., De Henauw S., Moreno L., Damsgaard C.T., Michaelsen K.F., Mølgaard C., Jorde R., Grimnes G., Moschonis G., Mavrogianni C., Manios Y., Thamm M., Mensink G.B., Rabenberg M., Busch M.A., Cox L., Meadows S., Goldberg G., Prentice A., Dekker J.M., Nijpels G., Pilz S., Swart K.M., van Schoor N.M., Lips P.,

Eiriksdottir G., Gudnason V., Cotch M.F., Koskinen S., Lamberg-Allardt C., Durazo-Arvizu R.A., Sempos C.T., Kiely M., *Vitamin D deficiency in Europe: pandemic?*,Am J Clin Nutr, 2016 Apr;103(4):1033-44.

32. Cesareo R., Attanasio R., Caputo M., Castello R., Chiodini I., Falchetti A., Guglielmi R., Papini E., Santonati A., Scillitani A., Toscano V., Triggiani V., Vescini F., Zini M., AME and Italian AACE Chapter, *Italian Association of Clinical Endocrinologists (AME) and Italian Chapter of the American Association of Clinical Endocrinologists (AACE) Position Statement: Clinical Management of Vitamin D Deficiency in Adults*, Nutrients, 2018 Apr 27;10(5).

CAPITOLO 2

1. Harvard Medical School, *Healthy Eating Plate*, disponibile al link: www.hsph.harvard.edu/nutritionsource/healthy-eating-plate/.

2. Lönnerdal B., *Soybean ferritin: implications for iron status of vegetarians*, Am J Clin Nutr. 2009 May;89(5):1680S-1685S.

3. Rizzo G., Baroni L., *Soy, Soy Foods and Their Role in Vegetarian Diets*, Nutrients, 2018 Jan 5;10(1).

4. Nachvak S.M., Moradi S., Anjom-Shoae J., Rahmani J., Nasiri M., Maleki V., Sadeghi O., *Soy, Soy Isoflavones, and Protein Intake in Relation to Mortality from All Causes, Cancers, and Cardiovascular Diseases: A Systematic Review and Dose-Response Meta-Analysis*

of Prospective Cohort Studies, J Acad Nutr Diet. 2019 Jul 2.

5. today.eataly.net/.
6. www.naturasi.it.
7. shop.noberasco.it/.

CAPITOLO 3

1. Baroni L., Goggi S., Battino M., *VegPlate: A Mediterranean-Based Food Guide for Italian Adult, Pregnant, and Lactating Vegetarians*, J Acad Nutr Diet, 2018 Dec;118(12):2235-2243.

2. Agnoli C., Baroni L., Bertini I., Ciappellano S., Fabbri A., Papa M., Pellegrini N., Sbarbati R., Scarino M.L., Siani V., Sieri S., *Position paper on vegetarian diets from the working group of the Italian Society of Human Nutrition*, Nutr Metab Cardiovasc Dis, 2017 Dec;27(12):1037-1052.

CAPITOLO 4

1. Melina V., Craig W., Levin S., *Position of the Academy of Nutrition and Dietetics: Vegetarian Diets*, J Acad Nutr Diet. 2016 Dec;116(12):1970-1980.

2. Agnoli C., Baroni L., Bertini I., Ciappellano S., Fabbri A., Papa M., Pellegrini N., Sbarbati R., Scarino M.L., Siani V., Sieri S., *Position paper on vegetarian diets from the working group of the Italian Society of Human Nutrition*, Nutr Metab Cardiovasc Dis, 2017 Dec;27(12):1037-1052.

3. Amit M., *Vegetarian diets in children and adolescents*, Paediatr Child Health, 2010 May;15(5):303-14.

4. American Academy of Pediatrics Commiteee on Nutrition, *Nutritional Aspects of Vegetarian Diets*, in «Pediatric Nutrition», 7th ed.; Kleinman, R.E., Greer, F.R., Eds.; American Academy of Pediatrics: Itasca, IL, USA, 2013; pp. 241–244.

5. Fewtrell M., Bronsky J., Campoy C., Domellöf M., Embleton N., Fidler Mis N., Hojsak I., Hulst J.M., Indrio F., Lapillonne A., Molgaard C., *Complementary Feeding: A Position Paper by the European Society for Paediatric Gastroenterology, Hepatology, and Nutrition (ESPGHAN) Committee on Nutrition*, J Pediatr Gastroenterol Nutr, 2017 Jan;64(1):119-132.

6. www.epicentro.iss.it/okkioallasalute/dati2016.

7. Società Italiana di Pediatria. Piramide alimentare transculturale, disponibile al link: www.sip.it/2017/10/30/piramide-alimentare-1/.

8. Al-Gubory K.H., *Environmental pollutants and lifestyle factors induce oxidative stress and poor prenatal development*, Reprod Biomed Online, 2014 Jul;29(1):17-31.

9. Röytiö H., Mokkala K., Vahlberg T., Laitinen K., *Dietary intake of fat and fibre according to reference values relates to higher gut microbiota richness in overweight pregnant women*, Br J Nutr, 2017 Sep;118(5):343-352. doi:10.1017/S0007114517002100. Erratum in: Br J Nutr. 2018 Sep;120(5):599-600.

10. Pistollato F., Sumalla Cano S., Elio I., Masias Vergara M., Giampieri F., Battino M., *Plant-Based and Plant-Rich Diet Patterns during Gestation: Beneficial Effects and Possible Shortcomings.*, Adv Nutr, 2015 Sep 15;6(5):581-91.

11. Balcı Y.I., Ergin A., Karabulut A., Polat A., Doğan M., Küçüktaşcı K., *Serum vitamin B12 and folate concentrations and the effect of the Mediterranean diet on vulnerable populations*, Pediatr Hematol Oncol, 2014 Feb;31(1):62-7.

12. Baroni L., Goggi S., Battaglino R., Berveglieri M., Fasan I., Filippin D., Griffith P., Rizzo G., Tomasini C., Tosatti M.A., Battino M.A., *Vegan Nutrition for Mothers and Children: Practical Tools for Healthcare Providers*, Nutrients, 2018 Dec 20;11(1).

13. Pawlak R., Vos P., Shahab-Ferdows S., Hampel D., Allen L.H., Perrin M.T., *Vitamin B-12 content in breast milk of vegan, vegetarian, and nonvegetarian lactating women in the United States*, Am J Clin Nutr. 2018 Sep 1;108(3):525-531.

14. Baroni L., Goggi S., Battino M., *VegPlate: A Mediterranean-Based Food Guide for Italian Adult, Pregnant, and Lactating Vegetarians*, J Acad Nutr Diet, 2018 Dec;118(12):2235-2243.

15. Mangels A.R., Messina V., *Considerations in planning vegan diets: infants*, J Am Diet Assoc, 2001 Jun;101(6):670-7.

16. Baroni L., Goggi S., Battino M., *Planning Well-*

Balanced Vegetarian Diets in Infants, Children, and Adolescents: The VegPlate Junior, J Acad Nutr Diet, 2019 Jul;119(7):1067-1074.

17. Ambroszkiewicz J., Chełchowska M., Rowicka G., Klemarczyk W., Strucińska M., Gajewska J., *Anti-Inflammatory and Pro-Inflammatory Adipokine Profiles in Children on Vegetarian and Omnivorous Diets,* Nutrients, 2018 Sep 6;10(9).

18. Sabaté J., Wien M., *Vegetarian diets and childhood obesity prevention,* Am J Clin Nutr, 2010 May;91(5):1525S-1529S.

CAPITOLO 5

1. www.who.int/news-room/fact-sheets/detail/noncommunicable-diseases.

2. Turner-McGrievy G.M., Davidson C.R., Wingard E.E., Wilcox S., Frongillo E.A., *Comparative effectiveness of plant-based diets for weight loss: a randomized controlled trial of five different diets,* Nutrition, 2015 Feb;31(2):350-8.

3. Klementova M., Thieme L., Haluzik M., Pavlovicova R., Hill M., Pelikanova T., Kahleova H., *A Plant-Based Meal Increases Gastrointestinal Hormones and Satiety More Than an Energy- and Macronutrient-Matched Processed-Meat Meal in T2D, Obese, and Healthy Men: A Three-Group Randomized Crossover Study,* Nutrients, 2019 Jan 12;11(1).

4. Spencer E.A., Appleby P.N., Davey G.K., Key T.J.,

Diet and body mass index in 38000 EPIC-Oxford meat-eaters, fish-eaters, vegetarians and vegans, Int J Obes Relat Metab Disord, 2003 Jun;27(6):728-34.

5. Tonstad S., Butler T., Yan R., Fraser G.E., *Type of vegetarian diet, body weight, and prevalence of type 2 diabetes*, Diabetes Care, 2009 May;32(5):791-6.

6. Rosell M., Appleby P., Spencer E., Key T., *Weight gain over 5 years in 21,966 meat-eating, fish-eating, vegetarian, and vegan men and women in EPIC-Oxford*, Int J Obes (Lond), 2006 Sep;30(9):1389-96.

7. Mishra S., Xu J., Agarwal U., Gonzales J., Levin S., Barnard N.D., *A multicenter randomized controlled trial of a plant-based nutrition program to reduce body weight and cardiovascular risk in the corporate setting: the GEICO study*, Eur J Clin Nutr, 2013 Jul;67(7):718-24.

8. Ferdowsian H.R., Barnard N.D., Hoover V.J., Katcher H.I., Levin S.M., Green A.A., Cohen J.L., *A multicomponent intervention reduces body weight and cardiovascular risk at a GEICO corporate site*, Am J Health Promot, 2010 Jul-Aug;24(6):384-7.

9. Wright N., Wilson L., Smith M., Duncan B., McHugh P., *The BROAD study: A randomized controlled trial using a whole food plant-based diet in the community for obesity, ischaemic heart disease or diabetes*, Nutr Diabetes, 2017 Mar 20;7(3):e256.

10. Barnard N.D., Scialli A.R., Turner-McGrievy G., Lanou A.J., Glass J., *The effects of a low-fat, plant-based*

dietary intervention on body weight, metabolism, and insulin sensitivity, Am J Med, 2005 Sep;118(9):991-7.

11. Turner-McGrievy G.M., Davidson C.R., Wingard E.E., Wilcox S., Frongillo E.A., *Comparative effectiveness of plant-based diets for weight loss: a randomized controlled trial of five different diets*, Nutrition, 2015 Feb;31(2):350-8.

12. www.siditalia.it/pdf/Il%20Diabete%20in%20 Italia_p.pdf-

13. Tonstad S., Stewart K., Oda K., Batech M., Herring R.P., Fraser G.E., *Vegetarian diets and incidence of diabetes in the Adventist Health Study-2*, Nutr Metab Cardiovasc Dis, 2013 Apr;23(4):292-9.

14. Tonstad S., Butler T., Yan R., Fraser G.E., *Type of vegetarian diet, body weight, and prevalence of type 2 diabetes*, Diabetes Care, 2009 May;32(5):791-6.

15. Petersen K.F., Dufour S., Befroy D., Garcia R., Shulman G.I., *Impaired mitochondrial activity in the insulin-resistant offspring of patients with type 2 diabetes*, N Engl J Med, 2004 Feb 12;350(7):664-71.

16. Goff L.M., Bell J.D., So P.W., Dornhorst A., Frost G.S., *Veganism and its relationship with insulin resistance and intramyocellular lipid*, Eur J Clin Nutr, 2005 Feb;59(2):291-8.

17. Kahleova H., Hlozkova A., Fleeman R., Fletcher K., Holubkov R., Barnard N.D., *Fat Quantity and Quality, as Part of a Low-Fat, Vegan Diet, Are Associated with Changes in Body Composition, Insulin Resistance, and*

Insulin Secretion. A 16-Week Randomized Controlled Trial, Nutrients, 2019 Mar 13;11(3).

18. Kahleova H., Tura A., Hill M., Holubkov R., Barnard N.D., *A Plant-Based Dietary Intervention Improves Beta-Cell Function and Insulin Resistance in Overweight Adults: A 16-Week Randomized Clinical Trial*, Nutrients, 2018 Feb 9;10(2).

19. McDougall J., Thomas L.E., McDougall C., Moloney G., Saul B., Finnell J.S., Richardson K., Petersen K.M., *Effects of 7 days on an ad libitum low-fat vegan diet: the McDougall Program cohort*, Nutr J, 2014 Oct 14;13:99.

20. Slavícek J., Kittnar O., Fraser G.E., Medová E., Konecná J., Zizka R., Dohnalová A., Novák V., *Lifestyle decreases risk factors for cardiovascular diseases*, Cent Eur J Public Health, 2008 Dec;16(4):161-4.

21. Kahleova H., Matoulek M., Malinska H., Oliyarnik O., Kazdova L., Neskudla T., Skoch A., Hajek M., Hill M., Kahle M., Pelikanova T., *Vegetarian diet improves insulin resistance and oxidative stress markers more than conventional diet in subjects with Type 2 diabetes*, Diabet Med, 2011 May;28(5):549-59.

22. Barnard N.D., Cohen J., Jenkins D.J., Turner-McGrievy G., Gloede L., Jaster B., Seidl K., Green A.A., Talpers S., *A low-fat vegan diet improves glycemic control and cardiovascular risk factors in a randomized clinical trial in individuals with type 2 diabetes*, Diabetes Care, 2006 Aug;29(8):1777-83.

23. Barnard N.D., Cohen J., Jenkins D.J., Turner-McGrievy G., Gloede L., Green A., Ferdowsian H., *A low-fat vegan diet and a conventional diabetes diet in the treatment of type 2 diabetes: a randomized, controlled, 74-wk clinical trial*, Am J Clin Nutr, 2009 May;89(5):1588S-1596S.

24. Turner-McGrievy G.M., Barnard N.D., Cohen J., Jenkins D.J., Gloede L., Green A.A., *Changes in nutrient intake and dietary quality among participants with type 2 diabetes following a low-fat vegan diet or a conventional diabetes diet for 22 weeks*, J Am Diet Assoc, 2008 Oct;108(10):1636-45.

25. Turner-McGrievy G.M., Jenkins D.J., Barnard N.D., Cohen J., Gloede L., Green A.A., *Decreases in dietary glycemic index are related to weight loss among individuals following therapeutic diets for type 2 diabetes*, J Nutr, 2011 Aug;141(8):1469-74.

26. Hua N.W., Stoohs R.A., Facchini F.S., *Low iron status and enhanced insulin sensitivity in lacto-ovo vegetarians*, Br J Nutr, 2001 Oct;86(4):515-9.

27. Donnison C.P., Lond B.S., *Blood pressure in the african native. Its bearing upon the ætiology of hyperpiesia and arterio-sclerosis*, Lancet, 1929 Jan 5;213:6-7.

28. Crowe F.L., Appleby P.N., Travis R.C., Key T.J., *Risk of hospitalization or death from ischemic heart disease among British vegetarians and nonvegetarians: results from the EPIC-Oxford cohort study*, Am J Clin Nutr, 2013;97(3):597–603.

29. Pettersen B.J., Anousheh R., Fan J., Jaceldo-Siegl K., Fraser G.E., *Vegetarian diets and blood pressure among white subjects: results from the Adventist Health Study-2 (AHS-2)*, Public Health Nutr, 2012;15(10):1909-1916.

30. Ernst E., Pietsch L., Matrai A., Eisenberg J., *Blood rheology in vegetarians*, Br J Nutr, 1986 Nov;56(3):555-60.

31. Van de Laar R.J., Stehouwer C.D., Van Bussel B.C., Te Velde S.J., Prins M.H., Twisk J.W., Ferreira I., *Lower lifetime dietary fiber intake is associated with carotid artery stiffness: the Amsterdam Growth and Health Longitudinal Study*, Am J Clin Nutr, 2012 Jul;96(1):14-23.

32. Yokoyama Y., Nishimura K., Barnard N.D. et al., *Vegetarian diets and blood pressure: a meta-analysis.*, JAMA Intern Med, 2014;174(4):577-587.

33. Bradbury K.E., Crowe F.L., Appleby P.N., Schmidt J.A., Travis R.C., Key T.J., *Serum concentrations of cholesterol, apolipoprotein A-I and apolipoprotein B in a total of 1694 meat-eaters, fish-eaters, vegetarians and vegans*, Eur J Clin Nutr, 2014;68(2):178-183.

34. Jenkins D.J., Kendall C.W., Marchie A., Faulkner D.A., Wong J.M., de Souza R., Emam A,Parker T.L., Vidgen E., Trautwein E.A., Lapsley K.G., Josse R.G., Leiter L.A., Singer W,Connelly P.W., *Direct comparison of a dietary portfolio of cholesterol-lowering foods with a statin in hypercholesterolemic participants*, Am J Clin Nutr, 2005 Feb;81(2):380-7.

35. Najjar R.S., Moore C.E., Montgomery B.D., *Consumption of a defined, plant-based diet reduces lipoprotein(a), inflammation, and other atherogenic lipoproteins and particles within 4 weeks*, Clin Cardiol, 2018 Aug;41(8):1062-1068.

36. Esselstyn C.B. Jr, *Updating a 12-year experience with arrest and reversal therapy for coronary heart disease (an overdue requiem for palliative cardiology)*, Am J Cardiol, 1999 Aug 1;84(3):339-41, A8.

37. Kim H., Caulfield L.E., Garcia-Larsen V., Steffen L.M., Coresh J., Rebholz C.M., *Plant-Based Diets Are Associated With a Lower Risk of Incident Cardiovascular Disease, Cardiovascular Disease Mortality, and All-Cause Mortality in a General Population of Middle-Aged Adults*, J Am Heart Assoc, 2019 Aug 20;8(16):e012865.

38. Dinu M., Abbate R., Gensini G.F., Casini A., Sofi F., *Vegetarian, vegan diets and multiple health outcomes: A systematic review with meta-analysis of observational studies*, Crit Rev Food Sci Nutr, 2017 Nov 22;57(17):3640-3649.

39. Huang T., Yang B., Zheng J., Li G., Wahlqvist M.L., Li D., *Cardiovascular disease mortality and cancer incidence in vegetarians: a meta-analysis and systematic review*, Ann Nutr Metab, 2012;60(4):233–240.

40. Ornish D., Scherwitz L.W., Billings J.H., Brown S.E., Gould K.L., Merritt T.A., Sparler S., Armstrong W.T.,

Ports T.A., Kirkeeide R.L., Hogeboom C., Brand R.J., *Intensive lifestyle changes for reversal of coronary heart disease*, JAMA, 1998 Dec 16;280(23):2001-7.

41. Ornish D., Brown S.E., Scherwitz L.W., Billings J.H., Armstrong W.T., Ports T.A., McLanahan S.M., Kirkeeide R.L., Brand R.J., Gould K.L., *Can lifestyle changes reverse coronary heart disease? The Lifestyle Heart Trial*, Lancet, 1990 Jul 21;336(8708):129-33.

42. Ornish D., *Avoiding revascularization with lifestyle changes: The Multicenter Lifestyle Demonstration Project*, Am J Cardiol, 1998 Nov 26;82(10B):72T-76T.

43. Frattaroli J., Weidner G., Merritt-Worden T.A., Frenda S., Ornish D., *Angina pectoris and atherosclerotic risk factors in the multisite cardiac lifestyle intervention program*, Am J Cardiol, 2008 Apr 1;101(7):911-8.

44. Daubenmier J.J., Weidner G., Sumner M.D., Mendell N., Merritt-Worden T., Studley J, Ornish D., *The contribution of changes in diet, exercise, and stress management to changes in coronary risk in women and men in the multisite cardiac lifestyle intervention program*, Ann Behav Med, 2007 Feb;33(1):57-68.

45. Dod H.S., Bhardwaj R., Sajja V., Weidner G., Hobbs G.R., Konat G.W., Manivannan S., Gharib W., Warden B.E., Nanda N.C., Beto R.J., Ornish D., Jain A.C., *Effect of intensive lifestyle changes on endothelial function and on inflammatory markers of atherosclerosis*, Am J Cardiol, 2010 Feb 1;105(3):362-7.

46. IARC Working Group on the Evaluation of Carcinogenic Risk to Humans, *Red Meat and Processed Meat*, Lyon (FR): International Agency for Research on Cancer; 2018.

47. Levine M.E., Suarez J.A., Brandhorst S., Balasubramanian P., Cheng C.W., Madia F., Fontana L., Mirisola M.G., Guevara-Aguirre J., Wan J., Passarino G., Kennedy B.K., Wei M., Cohen P., Crimmins E.M., Longo V.D., *Low protein intake is associated with a major reduction in IGF-1, cancer, and overall mortality in the 65 and younger but not older population*, Cell Metab, 2014 Mar 4;19(3):407-17

48. Ornish D., Weidner G., Fair W.R., Marlin R., Pettengill E.B., Raisin C.J., Dunn-Emke S., Crutchfield L., Jacobs F.N., Barnard R.J., Aronson W.J., McCormac P., McKnight D.J., Fein J.D., Dnistrian A.M., Weinstein J., Ngo T.H., Mendell N.R., Carroll P.R., *Intensive lifestyle changes may affect the progression of prostate cancer*, J Urol, 2005 Sep;174(3):1065-9; discussion 1069-70.

49. Ornish D., Magbanua M.J., Weidner G., Weinberg V., Kemp C., Green C., Mattie M.D., Marlin R., Simko J., Shinohara K., Haqq C.M., Carroll P.R., *Changes in prostate gene expression in men undergoing an intensive nutrition and lifestyle intervention*, Proc Natl Acad Sci USA. 2008 Jun 17;105(24):8369-74.

50. Barnard R.J., Gonzalez J.H., Liva M.E., Ngo T.H., *Effects of a low-fat, high-fiber diet and exercise program*

on breast cancer risk factors in vivo and tumor cell growth and apoptosis in vitro, Nutr Cancer, 2006;55(1):28-34.

51. Wong M.W., Yi C.H., Liu T.T., Lei W.Y., Hung J.S., Lin C.L., Lin S.Z., Chen C.L., *Impact of vegan diets on gut microbiota: An update on the clinical implications*, Ci Ji Yi Xue Za Zhi, 2018 Oct-Dec;30(4):200-203.

52. Tomova A., Bukovsky I., Rembert E., Yonas W., Alwarith J., Barnard N.D., Kahleova H., *The Effects of Vegetarian and Vegan Diets on Gut Microbiota*, Front Nutr, 2019 Apr 17;6:47.

53. Koeth R.A., Wang Z., Levison B.S., Buffa J.A., Org E., Sheehy B.T., Britt E.B., Fu X., Wu Y., Li L., Smith J.D., DiDonato J.A., Chen J., Li H., Wu G.D., Lewis J.D., Warrier M., Brown J.M., Krauss R.M., Tang W.H., Bushman F.D., Lusis A.J., Hazen S.L., *Intestinal microbiota metabolism of L-carnitine, a nutrient in red meat, promotes atherosclerosis*, Nat Med, 2013 May;19(5):576-85.

54. Obeid R., Awwad H.M., Keller M., Geisel J., *Trimethylamine-N-oxide and its biological variations in vegetarians*, Eur J Nutr, 2017;56(8):2599–2609.

55. Kontessis P. et al., *Renal metabolic et hormonal responses to ingestion of animal and vegetable proteins*, Kidney Int, 1990; 38:136-44.

56. Hao-Wen Liu et al., *Association of Vegetarian diet with chronic kidney disease*, Nutrients, 2019; 11(2):279.

57. Chauveau P. et al., *Vegetarian Diets and chronic kidney disease*, Nephrol Dial Transplant 2019; 34:199-207.

58. Moe SM et al., *Vegetarian compared with meat dietary protein source and phosphorus homeostasis in chronic kidney disease*, Clin J Am Soc Nephrol, 2011;6(2):257–264.

59. Stamp L.K., James M.J., Cleland L.G., *Diet and rheumatoid arthritis: a review of the literature*, Semin Arthritis Rheum, 2005 Oct;35(2):77-94.

60. Kjeldsen-Kragh J., Haugen M., Borchgrevink C.F., Laerum E., Eek M., Mowinkel P., Hovi K., Førre O., *Controlled trial of fasting and one-year vegetarian diet in rheumatoid arthritis*, Lancet, 1991 Oct 12;338(8772):899-902.

61. Kaartinen K., Lammi K., Hypen M., Nenonen M., Hanninen O., Rauma A.L., *Vegan diet alleviates fibromyalgia symptoms*, Scand J Rheumatol, 2000;29(5):308-13.

62. Hänninen O., Kaartinen K., Rauma A.L., Nenonen M., Törrönen R., Häkkinen A.S., Adlercreutz H., Laakso J., *Antioxidants in vegan diet and rheumatic disorders*, Toxicology, 2000 Nov 30;155(1-3):45-53.

63. Chang C.M., Chiu T.H.T., Chang C.C., Lin M.N., Lin C.L., *Plant-based diet, cholesterol, and risk of gallstone disease: a prospective study*, Nutrients, 2019;11:335-349.

CAPITOLO 6

1. Paris agreement, Conference of the Parties to the United Nations Framework Convention on Climate Change, diponibile al link: treaties.un.org/

pages/ViewDetails.aspx?src=TREATY&mtdsg_no=XXVII-7-d&chapter=27&clang=_en.

2. FAO, Livestock impacts on the environment, *Livestock's Long Shadow: environmental issues and options*, disponibile al link: www.fao.org/3/a-a0701e.pdf2006.

3. Pimentel D., Pimentel M., *Sustainability of meat-based and plant-based diets and the environment*, Am J Clin Nutr, 2003 Sep;78(3 Suppl):660S-663S.

4. Stoll-Kleemann S., O'Riordan T., *The Sustainability Challenges of Our Meat and Dairy Diets*, Environment: Science and Policy for Sustainable Development, 2015; 57(3):34-48.

5. Baroni L., Filippin D., Goggi S., *Helping the planet with healthy eating habits*, Open information Science, 2018; 2; 156-167.

6. Poore J., Nemecek T., *Reducing food's environmental impacts through producers and consumers*, Science, 2018 Jun 1;360(6392):987-992.

7. Alexander P., Brown C., Arneth A., Finnigan J., *Human appropriation of land for food: the role of diet*, Glob Environ Change, 2016;41:88-98.

8. GAIN Report Number: IT1756, disponibile al link: gain.fas.usda.gov/Recent%20GAIN%20 Publications/Agricultural%20Biotechnology%20 Annual_Rome_Italy_10-26-2017.pdf.

9. Pimentel D., Berger B., Filiberto D., Newton M., Wolfe B., Karabinakis E., Clark S., Poon E., Abbett

E., Nandagopal S., *Water Resources: Agricultural and Environmental Issues*, BioScience, 2004;54(10):909-918.

10. Marlow H.J., Hayes W.K., Soret S., Carter R.L., Schwab E.R., Sabaté J., *Diet and the environment: does what you eat matter?*, Am J Clin Nutr, 2009 May;89(5):1699S-1703S.

11. Casado J., Brigden K., Santillo D., Johnston P., *Screening of pesticides and veterinary drugs in small streams in the European Union by liquid chromatography high resolution mass spectrometry*, Sci Total Environ, 2019 Jun 20;670:1204-1225.

12. IPCC, Climate change and land, disponibile al link: www.ipcc.ch/report/srccl/.

13. Baroni L., Berati M., Candilera M., Tettamanti M., *Total Environmental Impact of Three Main Dietary Patterns in Relation to the Content of Animal and Plant Food*, Foods, 2014 Jul 25;3(3):443-460.

14. Rosi A., Mena P., Pellegrini N., Turroni S., Neviani E., Ferrocino I., Di Cagno R., Ruini L., Ciati R., Angelino D., Maddock J., Gobbetti M., Brighenti F., Del Rio D., Scazzina F., *Environmental impact of omnivorous, ovo-lacto-vegetarian, and vegan diet*, Sci Rep, 2017 Jul 21;7(1):6105.

15. FAO, The state of world fisheries and Aquaculture, disponibile al link: www.fao.org/3/ca0191en/ca0191en.pdf.

16. Rizzo G., Baroni L., *Health and ecological implications*

of fish consumption: A deeper insight, in «Mediterranean Journal of Nutrition and Metabolism», 2016; 9(1):7-22.

17. Weber C.L., Matthews H.S., *Food-miles and the relative climate impacts of food choices in the United States*, Environ Sci Technol, 2008 May 15;42(10):3508-13.

CAPITOLO 7

1. Animal Equality, *iAnimal: Guarda il mondo con gli occhi di un animale da allevamento*, narrato da Giulia Innocenzi, disponibile al link: www.youtube.com/watch?v=CRzf50_ITCc.

2. Essere Animali, *Prosciutto ad alta crudeltà*, disponibile al link: www.essereanimali.org/prosciuttocrudele/.

3. Animal Equality, *Orrore nel macello dei maiali*, disponibile al link: animalequality.it/news/2019/08/28/orrore-macello-maiali/.

4. Essere Animali, *L'insostenibile produzione di uova negli allevamenti di galline*, disponibile al link: www.essereanimali.org/allevamenti-galline-uova/.

5. Essere Animali, *Fabbriche di uova. Le galline negli allevamenti intensivi*, disponibile al link: www.essereanimali.org/2012/03/fabbriche-di-uova/.

6. Essere Animali, *Normativa sull'allevamento di galline ovaiole*, disponibile al link: www.essereanimali.org/normativa-allevamento-galline-ovaiole/.

7. Maccllazioni: carni bianche, dati annuali, disponibile al link: dati.istat.it.

8. Essere Animali, *L'incubo dei pulcini*, disponibile al link: www.essereanimali.org/incubo-dei-pulcini/.

9. Essere Animali, *Violenze e maltrattamenti sulle mucche da latte*, disponibile al link: .www.essereanimali. org/maltrattamenti-mucche-latte/.

10. iAnimal, *L'industria del latte a 360°*, narrato da Evanna Lynch, disponibile al link: www.youtube. com/watch?v=YZADGGwVKj8.

11. Essere Animali, *Bovini*, disponibile al link: www. essereanimali.org/cibo/bovini/.

12. Essere Animali, *Anche i pesci*, disponibile al link: www.essereanimali.org/ancheipesci/.

13. Animal Equality, *Soffocare: la lenta agonia dei pesci nei mari italiani*, disponibile al link: campaigns. animalequality.it/agonia-pesci-italiani/.

Ringraziamenti

Scrivere un libro che aiutasse le persone a passare con facilità a una dieta vegana, sfatando tutti i miti che le gravitano intorno, è stato il mio sogno nel cassetto degli ultimi cinque anni.

Se queste pagine vi saranno state di aiuto nel comprendere meglio i meccanismi e le ragioni di un'alimentazione vegana, sappiate però che non sono l'unica persona da ringraziare.

A Marta e Andrea di Rizzoli è bastato il tempo di un caffè all'Isola per capire che la mia idea avrebbe potuto funzionare. Vi sono grata per la vostra fiducia!

Grazie a Daniela, e al suo desiderio di diventare vegana in allattamento, mi sono vista costretta ad approfondire un argomento che non avrei magari mai considerato.

Se la divulgazione in modo chiaro e con parole semplici di questo tema è poi diventata la mia vocazione lo devo alla passione per l'insegnamento trasmessami da mia madre, professoressa di liceo per oltre trent'anni.

Se non fosse poi esistita la Società Scientifica di Nutrizione Vegetariana, fondata e presieduta dalla splendida dottoressa Luciana Baroni, non avrei saputo a chi rivolgermi per imparare le basi dell'alimentazione basata sui vegetali. Il loro rigoroso lavoro di divulgazione e di ricerca sul tema è di inestimabile valore.

Grazie alle mie amiche Alessandra, Terri e Amber che, con il loro silenzioso esempio, mi hanno dimostrato che si potesse mangiare vegano restando comunque simpatici, umili e aperti. Sappiate di avermi definitivamente ispirato, a suo tempo, a fare questo passaggio io stessa!

Anche la fortuna di avere avuto il dottor Fulvio Muzio come capo durante gli anni della specializzazione, medico vegetariano e famosa rockstar allo stesso tempo, non è da sottovalutare. Il suo reparto di Dietologia e Nutrizione Clinica è stato il primo in Italia a fornire precise e puntuali nozioni di educazione alimentare a base vegetale ai pazienti che ne facessero richiesta.

Per essere sicura di non scrivere inesattezze nel capitolo riguardante quello che subiscono gli animali, mi sono rivolta a Ombretta, un medico veterinario, che si è resa disponibile ad aiutarmi e ha risposto a tutte le mie domande con infinita pazienza.

Per ultimo, ma di certo non perché meno importante, voglio ringraziare mio marito Stefanos per essere stato uno dei catalizzatori principali di questa mia scelta, per aver affrontato insieme a me tutto il percorso, per supportarmi più di chiunque altro e per educare continuamente all'empatia nei confronti degli animali anche i nostri figli. Non potrei essere più fortunata di così!

Finito di stampare nel mese di dicembre 2019 presso
Grafica Veneta - via Malcanton, 2 - Trebaseleghe (PD)
Printed in Italy